A POSIÇÃO DO CÔNJUGE SOBREVIVO NO ACTUAL DIREITO SUCESSÓRIO PORTUGUÊS

JOSÉ ANTÓNIO DE FRANÇA PITÃO
ADVOGADO

A POSIÇÃO DO CÔNJUGE SOBREVIVO NO ACTUAL DIREITO SUCESSÓRIO PORTUGUÊS

4ª EDIÇÃO, REVISTA, ACTUALIZADA E AUMENTADA

ALMEDINA

A POSIÇÃO DO CÔNJUGE SOBREVIVO NO ACTUAL DIREITO SUCESSÓRIO PORTUGUÊS

AUTOR
JOSÉ ANTÓNIO DE FRANÇA PITÃO

EDITOR
EDIÇÕES ALMEDINA, SA
Rua da Estrela, n.º 6
3000-161 Coimbra
Tel.: 239 851 904
Fax: 239 851 901
www.almedina.net
editora@almedina.net

EXECUÇÃO GRÁFICA
G.C. – GRÁFICA DE COIMBRA, LDA.
Palheira – Assafarge
3001-453 Coimbra
producao@graficadecoimbra.pt

Dezembro, 2005

DEPÓSITO LEGAL
235878/05/05

Toda a reprodução desta obra, por fotocópia ou outro qualquer processo,
sem prévia autorização escrita do Editor,
é ilícita e passível de procedimento judicial contra o infractor.

PREFÁCIO À 4ª EDIÇÃO

A anterior edição foi publicada há mais de dez anos, encontrando-se esgotada.

Solicitou-nos a Livraria Almedina que fosse lançada uma nova edição para fazer face à procura do mercado.

Aceitamos a desafio, mostrando-se necessário e fundamental actualizar o texto anterior não só a nível dos exemplos práticos, mas sobretudo em matéria tributária, atenta a grande reforma introduzida nesta área pelo Decreto-Lei n.º 287/2003, de 12 de Novembro.

Esperamos que o texto agora reformulado seja útil aos nossos leitores para a resolução das questões práticas que possam surgir-lhes nesta área.

Funchal, Novembro de 2005

O Autor

I – INTRODUÇÃO

A regulação das relações entre os homens em qualquer moderna sociedade, onde os bens são necessariamente escassos, resulta consequentemente (o mesmo é dizer, consequencialmente) numa regulação das relações entre os homens e as coisas, no sentido de uma mais justa repartição dos bens (existentes)[1].

Assim sendo, torna-se necessário, dentro da sociedade actual, regular o acesso do homem (dos homens) aos bens e, ao mesmo tempo, assegurar a transmissão (ou seja, a possibilidade de transmissão) desses bens no momento da morte do seu titular.

Este segundo objectivo é aquele que se pretende prosseguir com o direito sucessório e sua regulamentação a nível de todas as legislações.

Na verdade, é necessário que, a nível de toda e qualquer comunidade, esteja regulada a substituição por outro do falecido proprietário de uma determinada unidade económica[2]. E, precisamente, para resolver este importante problema do mundo jurídico, têm sido seguidas, historicamente, três tendências fundamentais, a saber:

---

[1] A escassez dos bens gera naturalmente conflitos de interesses entre os homens, até porque, como salienta ORLANDO DE CARVALHO,"Direito das Coisas", Coimbra, 1977, pág. 11, "interesse é o que *inter est* o homem e os bens". A este propósito, veja-se ainda G. RADBRUCH, "Filosofia del Derecho", trad. esp., págs. 176 e segs.

[2] G. RADBRUCH, ob. cit., pág. 207.

A – TENDÊNCIA INDIVIDUALISTA

A primeira dessas tendências é a que alguns autores[3] qualificam como individualista ou individualista-capitalista. Neste sistema jurídico-sucessório atribui-se ao indivíduo uma ampla liberdade de disposição dos seus bens próprios no momento (para o momento) da morte. Surge-nos, então, uma prevalência da sucessão voluntária (testamentária ou contratual) sobre a sucessão legal, que encontra como único limite a existência de uma legítima (quota legítima), ou seja, de uma porção de bens que, por força da lei, vão necessariamente para certos herdeiros (em princípio, os parentes mais próximos)[4]. Assim sendo, nos países que adoptam este sistema é deveras amplo o âmbito da propriedade privada (que abrange não só os bens de uso e consumo, mas ainda a grande maioria dos bens de pro-

---

[3] Entre outros, v.g., PEREIRA COELHO, "Direito das Sucessões", I Parte, Coimbra, 1974, págs. 39 e seg.; R. CAPELO DE SOUSA, "Direito das Sucessões – Notas Sumárias", Coimbra, 1977, págs. 40 e segs.; "A Constituição e o Direito das Sucessões", in "Estudos Sobre a Constituição", 1.º volume, págs. 145 e segs. e "Lições de Direito das Sucessões", Coimbra, 1978, págs. 124 e segs.

[4] Por outro lado, diz-se que a sucessão legítima terá de fundamentar-se na presunção de que corresponde à vontade hipotética do *de cuius*. No entanto, conforme nota PEREIRA COELHO, *ob. cit.*, II Parte, pág. 188, a moderna doutrina nega tal formulação, pois, ainda que se mostre com segurança que o *de cuius* não quereria que os seus bens fossem para determinado herdeiro legítimo, nem por isso esses bens deixarão de ser deferidos aos seus herdeiros legítimos (na falta ou nulidade de testamento ou contrato *mortis causa*). No mesmo sentido, R. CAPELO DE SOUSA, "Lições de Direito das Sucessões", Coimbra, 1978, pág. 151. Nem outra conclusão se pode tirar dos preceitos dos arts. 2131.º e 2226.º. Diz a primeira destas normas que os herdeiros legítimos só são chamados à sucessão "se o falecido não tiver disposto válida e eficazmente, no todo ou em parte, dos bens de que podia dispor para depois da morte". Mais clara é a segunda das normas *supra* indicadas, segundo a qual "a disposição a favor dos parentes do testador ou de terceiro, sem designação de quais sejam, considera--se feita a favor dos que seriam chamados por lei à sucessão, na data da morte do testador, sendo a herança ou legado distribuído segundo as regras da sucessão legítima".

dução). E, logicamente, a sucessão testamentária (como forma de manifestação da vontade do *de cuius)* será um meio de cada indivíduo dispor livremente dos seus bens[5] para quem muito bem entender; e isto, sobretudo, com o objectivo de manter a integridade das unidades económicas[6] que foram criadas em vida do *de cuius.*

B – TENDÊNCIA FAMILIAR

Uma segunda tendência é de ordem familiar, no sentido de os bens permanecerem dentro da família do *de cuius,* de se transmitirem necessariamente para os membros da sua família (seja a pequena família, seja a grande família)[7], a fim de se dar continuidade a um património familiar.

Interessa referir que este sistema teve a sua origem na antiga Germânia, mas não vigora actualmente em nenhum país na sua forma pura. No entanto, ele influencia algumas das soluções adoptadas, na matéria, pelos vários sistemas. Foi o que se passou, nomeadamente, no direito russo, antes de 1961, e no direito costumeiro francês[8]. Foi também o que aconteceu, em parte, no direito português, na versão original do Código Civil (Decreto-Lei n.º 47.344, de 25 de Novembro de 1966, que entrou em vigor em 1 de Abril de

---

[5] Claro que, como já referimos, deve entender-se que esta disposição de bens tem como limite a existência da "legítima", ou seja, aquela porção de bens (ideal) de que o *de cuius* não pode dispor livremente (quando há herdeiros legitimários).

[6] Sobre esta matéria, cfr. R. CAPELO DE SOUSA, "Direito das Sucessões, Notas Sumárias", págs. 46 e segs.

[7] Sobre a evolução da "grande família" para a "pequena família", veja-se PEREIRA COELHO, "Curso de Direito da Família", Volume I, 2ª edição, Coimbra, 2001, págs. 123 e segs., e bibliografia aí citada.

[8] No direito costumeiro francês reservavam-se os bens *propres,* isto é, recebidos da família, para os herdeiros legais, só se admitindo a livre disposição em relação aos bens *acquêts,* isto é, adquiridos por outros meios que não através da família.

1967), dada a protecção que a lei dispensou aos herdeiros legitimários (que, ao tempo, eram apenas os descendentes e os ascendentes)[9].

Após a reforma do Código Civil, operada pelo Decreto-Lei n.º 496/77, de 25 de Novembro, atenuou-se essa influência[10].

Assim, hoje já não é possível manter, impreterivelmente, os bens dentro da mesma família. Basta lembrarmo-nos da hipótese de um indivíduo A que falece sem descendentes nem ascendentes, sendo então a sua herança deferida, na totalidade, para o cônjuge sobrevivo, B (cfr. artigo 2144.º do Código Civil). Ora, por morte de B, todos os seus bens (inclusivamente, os que havia recebido por morte do seu cônjuge A) irão para a sua família biológica ou natural (no caso vertente, os seus ascendentes, os seus irmãos e seus descendentes ou outros colaterais até ao quarto grau – artigo 2133.º, n.º 1, alíneas c) e d) do mesmo Código). Tal regra comporta, contudo, uma excepção, que se verifica no caso de ter havido uma adopção plena, caso em que o adoptado herda em igualdade de circunstâncias com os descendentes naturais (artigos 1986.º e 2133.º, n.º 1, ambos do Código Civil), sejam filhos ou netos, estes por direito de representação, nos casos e situações previstas no artigo 2039.º, com o âmbito definido pelo n.º 1 do artigo 2041.º, ambos do mesmo Código.

C – TENDÊNCIA SOCIALISTA

Finalmente, aparece-nos uma tendência que os autores qualificam de socialista. Caracteriza-se, fundamentalmente, por uma restrição, quer do âmbito subjectivo, quer do âmbito objectivo do direito sucessório[11-12].

---

[9] A este propósito, vejam-se *infra*, as alterações introduzidas no direito português.

[10] Sobre as influências do sistema familiar no direito sucessório português anterior à reforma, veja-se PEREIRA COELHO, ob. cit., I Parte, págs. 45 e segs..

[11] E isto porque se restringem quer as classes de sucessíveis, quer os bens que são passíveis de serem transmitidos no momento da morte (apenas os bens da propriedade pessoal).

No presente trabalho não entraremos na análise de cada um destes sistemas. Bastou-nos a indicação da sua existência e de bibliografia que pode ser consultada para o seu estudo. Iremos, sim, apreciar as transformações que sofreu a posição do cônjuge sobrevivo no nosso direito sucessório. Essas alterações significaram, essencialmente, um avanço do nosso direito a caminho do sistema socialista e, por outro lado, uma atenuação da influência do sistema familiar.

D – DIREITO COMPARADO[13]

Fazendo uma breve referência ao direito comparado, podemos afirmar que existe uma assinalável tendência para dignificar a posição sucessória do cônjuge, quer através da sua colocação na primeira classe dos sucessíveis legítimos ou em tal posição que, qualquer

---

A propósito das características deste sistema, vejam-se PEREIRA COELHO, ob. cit., I Parte, págs. 41 e segs.; R. CAPELO DE SOUSA, "Direito das Sucessões – Notas Sumárias", Coimbra, 1977, págs. 18 e segs..

[12] Assim sendo, neste sistema a sucessão testamentária adquire, logicamente, uma importância pouco reduzida. É o legislador quem, em primeira linha, indica as pessoas que irão suceder nos bens do *de cuius*. A este propósito, veja-se nota anterior e bibliografia nela indicada.

[13] Sobre a posição do cônjuge sobrevivo em direito comparado, cfr., entre outros, G. ALLARA, La successione familiare suppletiva, Torino, 1945; FERRARI, I diritti deI coniuge superstite nel sistema successorio *"mortis causa"*, Milano, 1974; FERRI,*"Del ligittimari"*, Commentario del codice civile a cura de Scialoja e Branca, Bologna-Roma, 1971; G. MENGONI, Successioni per causa di morte – Parte Speciale – Successione legittimi, Trattato di diritto civile e commerciale diretto da A. CICU e F. MESSINEO, Milano, 1961; R.RODIERE, "Evolution Comparative des Droits Successoraux du conjoint survivant", Bulle, Société Lég. Comparée, 1937; R. SCOGNAMIGLIO, "Aspetti successori della reforma del diritto di famiglia" (Acti dei II Convegno di Venezia, 11-12 Marzo 1972), Padova, 1972; H. VIALLETON, "Famille, patrimoine et vocation héréditaire en France depuis le Code Civil", Mélanges offerts au Doyen Maury, II; ARNOLDO WALD – Direito das Sucessões, 5ª ed. (com a colaboração de Roberto Rosas), S. Paulo, 1983, pp. 66 e segs..

que seja o grau de parentesco dos restantes co-herdeiros, o cônjuge não seja afastado da sucessão.

Assim, nos países com um sistema tradicionalmente de via socialista, o cônjuge sobrevivo pode concorrer em condições de plena igualdade com os descendentes do *de cuius,* como são os casos do artigo 432.º do Código da República Russa, o artigo 473.º do Código Civil da Checoslováquia e o artigo 10.º da Lei Jugoslava das Sucessões, entretanto posta em crise face aos recentes conflitos de cisão que ali se verificaram[14].

No entanto, não é só nos países conotados com este sistema que se tem verificado evolução na posição sucessória do cônjuge.

Assim acontece, nomeadamente, no direito italiano, com a Lei de 19 de Maio de 1975, segundo a qual na sucessão legítima o cônjuge ocupa a primeira classe de sucessíveis ao lado dos filhos do *de cuius,* sucedendo a metade da herança se concorrer com um só filho e uma terça parte quando concorra com dois ou mais filhos. Se o autor da herança não deixar descendentes, mas tiver ascendentes ou irmãos, o cônjuge tem direito a duas terças partes da herança, recebendo a totalidade caso não exista qualquer uma daquelas pessoas.

Já no direito alemão (artigo 1931.º do B.G.B.), o cônjuge sobrevivo, quando concorre com os descendentes do *de cuius,* é chamado a suceder em uma quarta parte da herança, salvo se o regime de bens do casamento era o da separação ou ainda se sobreviverem um ou mais filhos, caso em que o cônjuge sucederá com estes em igualdade de circunstâncias. Por outro lado, se o cônjuge concorrer com os pais, irmãos ou avós do *de cuius,* terá direito a metade da herança.

Finalmente, diga-se que em qualquer um destes dois sistemas, bem como nos direitos suíço, espanhol e grego, o cônjuge sobre-

---

[14] Sobre o regime sucessório nos países de sistema socialista, cfr., por todos, BLAGOJEVIC, Algunos principios fundamentales del derecho sucessoral en los países socialistas, in "Libro-Homenaje a la memoria de Lorenzo Herrera Mendoza", Caracas, 1970, Vol. I, págs. 219 e segs..

vivo é herdeiro legitimário, com a particularidade de, no direito espanhol, a sua legítima ser integrada por um direito de usufruto e não um direito de propriedade.

Estes apenas alguns exemplos de legislações que, porventura, terão orientado o legislador português a elaborar a Reforma do Código Civil nesta matéria, nos termos que serão expostos nos capítulos seguintes.

II – A POSIÇÃO DO CÔNJUGE SOBREVIVO NO CÓDIGO CIVIL DE 1867

O regime supletivo de bens previsto no Código Civil de 1867 (denominado, Código de Seabra) era o da comunhão geral de bens[15], também chamado de *costume do Reino*[16]. Tal regime baseava-se numa comunhão entre os cônjuges de todos os bens presentes e futuros que não fossem exceptuados por Lei (artigo 1108.º do Código de Seabra). Refira-se que entre os bens futuros incluíam-se os doados ou deixados com a cláusula da incomunicabilidade ou dos subrogados em lugar deles (artigo 1109.º, do mesmo Código). Por outro lado, nos termos do artigo 1123.º daquele Código, no caso de morte ou de separação, os bens comuns seriam divididos entre os cônjuges (havendo separação) ou entre os seus herdeiros (em caso de morte).

Entendia-se, então, que o regime de comunhão geral de bens era o que melhor correspondia à *essência do casamento,* fazendo coincidir a união de patrimónios com a união de pessoas (no caso vertente, os cônjuges).

A união patrimonial demonstrava, inequivocamente, a colaboração que cada um dos cônjuges prestava ao outro na conservação e frutificação dos bens já existentes no casal e daqueles que, entretanto viessem a ser adquiridos.

---

[15] Que vigorou até à entrada em vigor do novo Código Civil, verificada em 1 de Junho de 1967 (Decreto-Lei n.º 47.344, de 25 de Novembro de 1966).

[16] Cfr. GUILHERME BRAGA DA CRUZ, O problema do regime matrimonial de bens supletivo no novo Código Civil Português (Estado Actual da Questão), Lisboa, 1956 (Separata do B.M.J.).

Vigorando o regime de comunhão geral de bens como regime supletivo, dava-se uma protecção parcial ao cônjuge sobrevivo, dado que este só recebia *post mortem* a sua meação[17].

Pode, assim, reafirmar-se que a sobrevivência do cônjuge sobrevivo estava latamente posta em "perigo", atendendo ao facto de poder não haver bens comuns a partilhar.

Em matéria de direito sucessório (matéria que neste momento nos interessa), a ordem legal de sucessão colocava em primeiro lugar os descendentes do cônjuge sobrevivo e os colaterais até ao sexto grau (cfr. artigo 1969.º do Código de Seabra).

Esta óptica parece justificar-se numa lógica de conjunto. O viúvo já estava garantido pela sua meação nos bens comuns do casal. Além disso, a Lei atribuía-lhe o usufruto da totalidade da herança, se esta fosse devolvida aos irmãos e seus descendentes (artigo 2003.º, § único do Código de Seabra) ou o usufruto de metade da herança, se esta competisse aos ascendentes legítimos (artigos 1995.º e 1999.º do mesmo Código). Tratava-se, no entanto, de um legado legítimo e, por via disso, não prevalecente perante um testamento.

Nos casos em que os direitos resultantes do regime de bens do casamento não assegurassem a sobrevivência do cônjuge sobrevivo, restaria a este uma de duas hipóteses:

a) Direito a alimentos, a prestar pelos seus descendentes, que seriam normalmente herdeiros do cônjuge falecido;

b) Direito de apanágio, ou seja, o direito a ser alimentado ficava garantido pelos rendimentos dos bens da herança deixada pelo *de cuius* (artigo 1231.º do Código de Seabra) e exercitável contra quem quer que tivesse beneficiado da herança (artigo 1232.º, § único do mesmo Código)[18].

---

[17] Parcialmente contra LEITE CAMPOS, Revista da Ordem dos Advogados, Ano 45, Abril de 1985, pág. 13.

[18] Igual direito de apanágio do cônjuge sobrevivo vem hoje previsto no artigo 2018.º do Código Civil. Contudo, não se trata, propriamente de um direito sucessório, mas antes de um direito familiar, em matéria de alimentos. Neste

Face ao regime sumariamente exposto, poderia afirmar-se que se entendia a família como um grupo ligado por laços de consanguinidade, do qual o cônjuge estaria excluído? De outra forma, o Código de 1867 pretenderia discriminar desfavoravelmente os vínculos conjugais em benefício da consanguinidade, tratando os descendentes, os ascendentes e os irmãos e seus descendentes como, por assim dizer, familiares mais próximos do *de cuius* do que o próprio cônjuge?

Só poderia responder afirmativamente quem se colocasse na perspectiva dos estreitos quadros da posição sucessória do cônjuge sobrevivo. Ora, o conjunto das relações patrimoniais da família, de que essa posição é um simples aspecto, indica exactamente o contrário.

O regime supletivo de bens revela que o legislador entende dever existir também no aspecto patrimonial, uma profunda união entre os cônjuges, vendo em cada um deles o mais próximo familiar do outro.

Pode, assim, afirmar-se que no Código de Seabra o legislador dá prevalência dos laços conjugais sobre os da consaguinidade. Assim, a comunhão geral levará, eventualmente, a que os bens abandonem a linha familiar em que se encontravam. Tal situação verificar-se-ia, por exemplo, no caso de *A,* titular de um amplo património avoengo casar com *B,* sem património, sendo o regime de bens o da comunhão geral. Se o casamento se dissolver por morte de *A,* e não houver descendentes, é óbvio que metade do património passa para *B* e, por morte deste aos seus herdeiros (parentes), em prejuízo da linhagem de que eram originários.

---

sentido é decisivo o enquadramento do preceito no Título referente a Alimentos, fazendo-se *ius* ao rigor sistemático do Código.

III – A POSIÇÃO DO CÔNJUGE SOBREVIVO ANTES DA REFORMA DO CÓDIGO CIVIL

A Reforma introduzida no Código Civil Português pelo Decreto--Lei n.º 496/77, de 25 de Novembro, trouxe grandes alterações na situação jurídico-sucessória do cônjuge sobrevivo[19].

Na verdade, pode verificar-se que os direitos sucessórios atribuídos ao cônjuge sobrevivo resumiam-se a três tipos de situações a saber:

A – Sucessão legítima – Na redacção original do Código Civil (Decreto-Lei n.º 47.344, de 25 de Novembro de 1966), a posição jurídica do cônjuge sobrevivo estava bastante desfavorecida.

O cônjuge era apenas herdeiro legítimo e sucedia na quarta classe de sucessíveis do artigo 2133.º, ou seja, na falta de descendentes, ascendentes e irmãos e seus descendentes.

Mas o cônjuge só era herdeiro desde que à data da morte do autor da sucessão se não encontrasse divorciado ou separado judicialmente de pessoas e bens, por sentença que já tivesse transitado em julgado ou viesse a transitar em julgado (artigo 2148.º do mesmo Código), caso em que não teria quaisquer direitos sucessórios.

---

[19] Cfr., a este propósito, R. CAPELO DE SOUSA, "Lições de Direito das Sucessões", Coimbra, 1978, págs. 150 e segs. e 157 e segs., ALMENO DE SÁ, A Revisão do Código Civil e a Constituição, in "Revista de Direito e Economia", Ano III, n.º 2, págs. 486 e segs. e LEITE DE CAMPOS, Parentesco, Casamento e Sucessão, Revista da Ordem dos Advogados, Ano 45, 1985, págs. 35 e segs..

B – Usufruto vitalício – Para além desta possibilidade tão remota de ser chamado à sucessão, poderia ainda o cônjuge suceder no usufruto vitalício da herança, caso fossem chamados à sucessão os irmãos do *de cuius* (ou seus descendentes) (artigo 2146.º, na redacção do Decreto-Lei n.º 47.344, de 25-11-66)[20].

---

[20] O direito do usufruto é um direito real de gozo, limitado e temporário. É uma forma de *jus in re aliena*. Pode versar sobre bens móveis, imóveis ou até sobre direitos (v.g., créditos, participações sociais, direitos de autor, etc.).

O conteúdo do direito de usufruto é o maior de todos os direitos reais limitados. O limite dos poderes do usufrutuário está na não alteração da natureza dos bens – é o princípio *salva rerum substantia*. Estes limitados poderes do usufrutuário variam de acordo com a destinação económica da coisa (artigo 1446.º do Código Civil) e com o que se estipulou contratualmente.

Quando o artigo 1446.º manda respeitar o destino económico da coisa não está a repetir o que se diz no artigo 1439.º do mesmo Código; exemplo disto está no facto de não haver desrespeito do destino económico da coisa apenas quando se altera a sua forma ou substância, mas ainda quando se lhe dá uma finalidade diferente – v.g. transformação de casa de habitação em loja de animais. Neste sentido, opinam PIRES DE LIMA – ANTUNES VARELA, Código Civil Anotado, Vol. III, anotações aos artigos 1439.º e 1446.º.

Entre as características do usufruto é de salientar, desde logo, o seu *carácter temporário:* não pode exceder a vida do usufrutuário... (artigo 1443.º). Por outro lado, o direito de usufruto proporciona ao seu titular a *plenitude do gozo da coisa*. Nestes termos, o usufrutuário pode, inclusivamente, alienar o seu direito *inter vivos* (artigo 1444.º). Finalmente, o direito de usufruto é ainda orientado pelo princípio da *conservação da forma e substância da coisa,* o que causa sérios embaraços em matéria de usufruto de coisas consumíveis. A este propósito, estabelece o artigo 1451.º no seu n.º 1: "quando o usufruto tiver por objecto coisas consumíveis, pode o usufrutuário servir-se delas ou aliená-las, mas é obrigado a restituir o seu valor, findo o usufruto, no caso de as coisas terem sido estimadas; se não o foram, a restituição será feita pela entrega de outras do mesmo género, qualidade ou quantidade, ou do valor destas na conjuntura em que findar o usufruto".

As formas por que se pode constituir o usufruto são as referidas no artigo 1440.º: contrato (constituição do usufruto *per translationem* ou *per deductionem*), testamento (sob a forma de legado), usucapião e disposição da lei. Entre elas avulta, obviamente, a forma de constituição a que se referia o então artigo 2146.º (na redacção original do Código Civil).

Enquanto usufrutuário, o cônjuge era mero legatário. Tal resultaria, desde logo, do artigo 2030.º, n.º 4 do Código Civil, que qualifica como legatário o usufrutuário, ainda que da totalidade da herança (dado que o usufrutuário sucede sempre num bem determinado – o direito de usufruto).

Mas o legislador não se esqueceu de referir essa qualificação do artigo 2146.º.

Note-se, por outro lado, que se tratava de um legatário instituído *ex vi legis,* caso único na nossa lei civil (em excepção, aliás, ao princípio geral, segundo a qual o legado depende da sucessão voluntária, dado que as normas relativas ao legado estão sistematicamente incluídas no capítulo que se refere ao conteúdo do testamento)[21].

Em matéria de direitos do usufrutuário, o princípio geral vem estabelecido no artigo 1445.º do Código Civil, segundo o qual a lei atribui, entre outros, o direito de usar, fruir e administrar a coisa, sem alterar o seu destino económico (artigo 1446.º). Convém ainda referir alguns casos especiais. Desde logo, avulta o *usufruto de coisas consumíveis* (artigo 1451.º). A doutrina fala de quase-usufruto, pois resulta da própria natureza da coisa que esta não pode ser usada sem prejuízo da sua substância (o que colide com o princípio estabelecido no artigo 1439.º). No entanto, a lei permite-o: o usufrutuário terá de devolver o valor dos bens no fim do usufruto quando estes foram estimados; caso contrário, o usufrutuário terá de devolver coisas do mesmo género, qualidade ou quantidade.

Outro caso referido na lei é o de *usufruto de coisas deterioráveis* (artigo 1452.º). Nesta hipótese, findo o usufruto, as coisas são entregues ao proprietário no mesmo estado em que se encontrarem (excepto se a sua deterioração resultou de utilização diversa da que lhe é própria).

Note-se ainda que o usufrutuário tem de fazer inventário, ou seja, a relação de bens, com declaração do seu estado e valor dos móveis, se houver (artigo 1468.º, alínea *a)*), e prestar caução, se esta for exigida (artigo 1468.º, alínea *b)*). Por outro lado, está ainda obrigado a fazer as reparações ordinárias, ou seja, aquelas que são necessárias à conservação da coisa.

Finalmente, nos termos da alínea *a)* do n.º 1 do artigo 1476.º, o usufruto extingue-se por morte do usufrutuário.

[21] Sobre a problemática da qualificação da figura do usufrutuário de quota ou da totalidade da herança como herdeiro ou legatário, veja-se, por todos, PEREIRA COELHO, ob. cit., I parte, págs. 70 e segs..

Discutiu-se nos trabalhos preparatórios do Código Civil se o direito sucessório do cônjuge sobrevivo que concorre com irmãos ou sobrinhos do *de cuius* deveria limitar-se ao usufruto ou se, pelo contrário, deveria atribuir-se-lhe uma quota da herança em propriedade plena. Levantou-se ainda a hipótese de, ficando só com o usufruto dos bens, o cônjuge ter direito a, mediante autorização judicial, vender certos bens, em caso de necessidade urgente, criando--se assim um regime semelhante ao dos fideicomissos e da sucessão contratual[22].

Finalmente, disse-se que há determinados bens, como o recheio da casa de morada e as prendas de casamento, a que o cônjuge tem especial afeição e que, portanto, lhe deveriam ser entregues em propriedade[23]. Mas a Comissão deliberou atribuir ao cônjuge ape-

---

Pode, contudo resumir-se tal posição, referindo que, em qualquer das duas hipóteses o usufrutuário continua a ser legatário, já que sucede num bem determinado (o direito de usufruto), muito embora este possa abranger um conjunto de bens indeterminados (v.g., uma quota parte ou a totalidade da herança).

[22] No que se refere a sucessão contratual regem os artigos 1698.º e seguintes do Código Civil, em matéria de convenções antenupciais. Assim, a alínea *a)* do n.º 1 do artigo 1700.º estabelece que estas podem conter instituição de herdeiro ou nomeação de legatário em favor de qualquer dos esposados, feita pelo outro esposado, sendo que também são admissíveis cláusulas de reversão ou fideicomissárias relativas às liberalidades efectuadas (n.º 2).

Note-se que estas disposições não podem ser unilateralmente revogadas depois da aceitação, não sendo também lícito ao doador prejudicar o donatário por actos gratuitos de disposição (artigo 1701.º, n.º 1), podendo contudo alienar os bens doados com fundamento em grave necessidade, própria ou dos membros da família a seu cargo, a qual tem de ser precedida de autorização do donatário por escrito ou por suprimento judicial (idem, n.º 2).

No que se refere ao fideicomisso ou substituição fideicomissária, o artigo 2286.º do mesmo Código dá-nos a sua noção como sendo a disposição pela qual o testador impõe ao herdeiro instituído o encargo de conservar a herança, para que ela reverta, por sua morte, a favor de outrem, acrescentando que o herdeiro gravado com o encargo chama-se fiduciário, e fideicomissário o beneficiário da substituição.

[23] Esta posição discutida nos trabalhos preparatórios veio a ter reflexo na reforma do Código Civil introduzida pelo Decreto-Lei n.º 496/77, de 25 de Novembro, embora com uma amplitude mais abrangente.

nas o usufruto da herança, solução que ficou consagrada no artigo 2146.º, na redacção original do Código Civil[24].

C – Direito de apanágio – É certo que ao cônjuge sobrevivo era (e ainda é) atribuído o chamado *direito de apanágio*, previsto no artigo 2018.º do Código Civil, segundo o qual "falecendo um dos cônjuges, o viúvo tem direito a ser alimentado pelos rendimentos dos bens deixados pelo falecido" (n.º 1)[25], sendo obrigados a esta prestação de alimentos os herdeiros e legatários a quem tenham sido transmitidos os bens, na proporção do respectivo valor (n.º 2)[26].

Como iremos analisar com maior pormenor, nos termos dos artigos 2.103.º-A e seguintes do Código, na redacção do citado Decreto-Lei (ainda em vigor), o cônjuge sobrevivo tem determinadas atribuições preferenciais relativamente ao direito de habitação da casa de morada do casal e uso do respectivo recheio. Muito embora tais bens não lhe sejam atribuídos em propriedade plena, o certo é que o cônjuge sobrevivo goza dos referidos direitos (uso e habitação) com carácter vitalício, caso tenha manifestado o seu exercício, dado que tais atribuições, muito embora preferenciais, são meramente facultativas.

Para maiores desenvolvimentos, cfr. *infra*, Capítulo VI.

[24] Sobre este tema, veja-se "Direito das Sucessões", Trabalhos Preparatórios do Código Civil, Lisboa, 1972, págs. 234 e segs..

[25] Mas já não através do valor desses bens. Poderia considerar-se a hipótese de o cônjuge sobrevivo, em caso de necessidade, poder pedir que, na falta de rendimentos dos bens deixados, se alienasse uma parte desses bens para seu sustento. Mas isso ultrapassa quer a letra, quer o espírito da lei. A ser possível tal hipótese, estaria o legislador a coarctar violentamente os poderes de disposição por morte do *de cuius*.

[26] Nos termos do artigo 2020.º do Código Civil (na redacção do Decreto-Lei n.º 496/77, de 25-11), goza também do direito de exigir alimentos da herança do falecido "aquele que, no momento da morte de pessoa não casada ou separada judicialmente de pessoas e bens, vivia com ela há mais de 2 anos em condições análogas às dos cônjuges" se não puder obter esses alimentos nos termos das alíneas *a)* a *d)* do artigo 2009.º (n.º 1), desde que requeira esses alimentos dentro dos dois anos subsequentes à data da morte do autor da sucessão (n.º 2). Este direito cessa também nas hipóteses previstas no artigo 2019.º, devidamente adaptado (artigo 2020.º, n.º 3). Assim sendo, não podemos de forma alguma concordar com o Prof. Dr. Espinosa Gomes Da Silva, cit. por Helder Martins Leitão, em Portugal Judiciário, Ano II (n.º 22), pág. 165.

Mas note-se que, neste caso, não se trata propriamente de um direito sucessório atribuído ao cônjuge. Tanto é assim que tal preceito vem contido no Livro da Família, no título relativo aos Alimentos e não no Livro das Sucessões. O que o artigo 2018.º estabelece é, sim, uma obrigação alimentar que terá de regular-se pelos princípios gerais nesta matéria. Assim, o apanágio só existirá em caso de *necessidade do alimentado* (cônjuge sobrevivo) e em caso de *possibilidade do(s) alimentante(s)* (as pessoas indicadas no n.º 1 do artigo 2009.º), tudo isto de acordo com a regra do artigo 2004.º,

---

Na opinião deste Prof. o artigo 2018.º ainda hoje, após a Reforma "tem o seu campo de aplicação e não tão reduzido como em princípio poderia parecer.

Basta pensar-se numa herança tão limitada que a quota atribuída ao sobrevivo lhe não assegure alimentos para que sejamos obrigados a ver no artigo 2018.º uma verdadeira válvula de segurança". Ora, como já acima demonstramos, esta opinião é falaciosa, dado que o artigo 2018.º tem de conjugar-se com o princípio geral do artigo 2004.º, ambos do Código Civil.

Toda esta situação ficou mais clarificada com a Lei n.º 135/99, de 28 de Agosto, que veio reconhecer determinados direitos às pessoas de sexo diferente que vivam em união de facto há mais de dois anos (artigo 3.º), regime que foi alargado às uniões de facto entre pessoas do mesmo sexo, pela Lei n.º 7/2001, de 11 de Maio.

De facto, determina-se, nomeadamente no citado artigo 3.º desta última Lei (a que está em vigor) que estas pessoas têm direito a protecção da casa de morada de família (alínea *a)*), protecção na eventualidade de morte do beneficiário, pela aplicação do regime geral da segurança social e da lei (alínea *e)*), protecção por morte resultante de acidente de trabalho ou doença profissional, nos termos da lei (alínea *f)*) e pensão de preço de sangue e por serviços excepcionais e relevantes prestados ao país, nos termos da lei (alínea *g)*), para apenas citarmos os casos com relevância a nível do direito sucessório.

Contudo, é de realçar que o âmbito de aplicação daquele citado preceito foi ainda mais alargado ao se reconhecer o direito de alimentos a favor de pessoas que viviam em economia comum há mais de dois anos, ou seja, aquelas que viam em comunhão de mesa e habitação e tenham estabelecido uma vivência em comum de entreajuda ou partilha de recursos (artigos 1.º, n.º 1 e 2.º, n.º 1 da Lei n.º 6/2001, de 11 de Maio).

Para maiores desenvolvimentos, cfr. *infra*, Capítulo X, alínea B), bem como a nossa obra "Uniões de Facto e Economia Comum", Almedina, Coimbra, 2005.

n.º 1. E estas duas condições deverão verificar-se **cumulativamente**. É decisiva neste sentido, a letra da Lei (artigo 2004.º, n.º 1) ao utilizar a preposição *e* quando se refere à medida dos alimentos. Assim, pode haver necessidade do cônjuge sobrevivo receber alimentos, mas os bens da herança terem um rendimento tão ínfimo que não permita estabelecer uma pensão alimentar; como também pode acontecer a hipótese de serem consideráveis os rendimentos dos bens da herança, mas não se prestarem alimentos, porque o cônjuge sobrevivo tem bens próprios suficientes para a sua subsistência. No entanto, com a Reforma de 1977 atenuou-se bastante o objectivo que o legislador tinha em vista com o direito de apanágio.

É que, sendo hoje o cônjuge sobrevivo herdeiro legítimo da primeira classe de sucessíveis e herdeiro legitimário (nunca recebendo, a esse título, menos de 1/4 da legítima), dificilmente se conciliará a necessidade do alimentado com a possibilidade do alimentante (artigo 2004.º, n.º 1). A isto há a acrescentar o facto do regime supletivo de bens no casamento ser o da comunhão de adquiridos (artigo 1717.º do Código Civil) e as estatísticas mostram que a grande maioria dos casamentos são celebrados segundo este regime. Daqui resulta que, para além da sua quota hereditária, o cônjuge sobrevivo recebe ainda a sua meação nos bens comuns do casal (ou seja, aqueles que foram adquiridos a título oneroso após o casamento e o produto do trabalho dos cônjuges) (artigo 1724.º).

Assim sendo, após a Reforma do Código Civil, este artigo será de aplicar muito raramente. Podemos mesmo afirmar que é letra morta quando conjugado com a regulamentação sucessória.

É que, das duas uma: ou o valor da massa da herança é substancialmente elevado e, nesse caso, o cônjuge sobrevivo recebe também uma quota elevada, não necessitando por esse facto, de alimentos; ou então o valor da massa da herança é reduzido e então as *vires hereditatis* não terão um rendimento que possibilite alimentar o cônjuge[27].

---

[27] Cfr. LUIGI MENGONI, Successione Necessaria, Milano, pág. 7.

Finalmente, refira-se que, nos termos do artigo 2019.º, "cessa o direito a alimentos se o alimentado contrair novo casamento, ou se tornar indigno do benefício pelo seu comportamento moral". Compreende-se logicamente esta disposição. Na verdade, se o cônjuge sobrevivo contrai segundas núpcias, forma um novo agregado familiar e adquire assim um novo sustentáculo económico, pelo que se torna injustificável a continuação da prestação alimentar. Pelo menos, assim o presume o legislador.

Quanto ao segundo fundamento indicado, é também perfeitamente admissível que, se cônjuge sobrevivo, pelo seu comportamento moral, põe em causa os valores decorrentes do seu anterior vínculo conjugal, deve perder o benefício que vinha recebendo do seu anterior cônjuge.

D – Conclusões – O saldo decorrente do Código Civil de 1966 (na sua redacção original) em relação ao de 1867 é nitidamente desfavorável ao cônjuge sobrevivo.

Este poderá ver bastante diminuída a sua meação da globalidade do património conjugal (já que o regime supletivo de bens, é o da comunhão de adquiridos) e mantém uma posição sucessória substancialmente idêntica.

No entanto, pensamos que a realidade social leva-nos a analisar a situação de forma um pouco diferente. É que interessa saber qual a evolução da família que se verifica em Portugal.

A estabilidade dos patrimónios encontra-se progressivamente comprometida na sociedade contemporânea. O nível de vida da família é mais assegurado pelos rendimentos do trabalho do que pelo que cada um dos cônjuges venha a receber gratuitamente. A sobrevivência económica do viúvo assentará cada vez mais na sua capacidade de trabalho e no que tenha adquirido em conjunto com o cônjuge pré-morto através dos esforços de ambos. Deste modo, os interesses e as expectativas dos cônjuges assentarão sobretudo na massa comum dos bens adquiridos na constância do casamento.

É certo, porém, que a família se centrava progressivamente na família conjugal, constituindo os cônjuges, não tanto o núcleo central, pois sempre o tinham sido, mas quase que o núcleo exclusivo, o que exigia uma consideração particularmente cuidadosa dos laços entre estes. Os tecidos entre pais e filhos apresentavam uma textura mais débil. A convivência e a autoridade eram menores; os filhos saíam mais cedo de casa e mudavam-se mais frequentemente para localidades diversas (quer por necessidade de formação profissional – técnica, universitária, etc –, quer por necessidade de ocupar um posto de trabalho – de que é exemplo quase acabado o que se passa ainda hoje, sobretudo, com os professores do ensino básico e secundário). Assim, cada cônjuge aparecia, não só por princípio como na realidade, como o familiar mais próximo do outro.

Sob este ponto de vista, o regime supletivo parecia não traduzir fielmente a realidade social, não acentuando suficientemente o maior peso relativo do núcleo conjugal.

Mas este desfazamento era facilmente colmatado. Eram relativamente frequentes os casos em que os cônjuges dispunham, por testamento, da sua quota disponível a favor do outro (com consequências fiscais pesadas, embora). Se o casamento se dissolvesse por morte, o viúvo teria ao seu dispor uma parte importante quando não a mais valiosa ou apetecível do ponto de vista de rendimento – do património familiar. No caso de crise, o testamento poderia e muitas vezes seria revogado[28], e, desta forma, o locupletamento seria evitado.

Assim se obtinha, na vida quotidiana, através da combinação do regime de bens, da posição sucessória do cônjuge sobrevivo e da sucessão testamentária, um estado de coisas que se ia adaptando flexivelmente à evolução dos costumes, por muitas críticas de que fosse passível no plano dos princípios.

A família que o legislador de 1966 pressupunha era fortemente centralizada na pessoa do marido, o *chefe da família*. Era a este que incumbia primordialmente a satisfação das suas necessidades

---

[28] Nos termos do n.º 1 artigo 2179.º do Código Civil, o testamento é um acto unilateral e revogável pelo qual uma pessoa dispõe, para depois da morte, de todos os seus bens ou de parte deles.

económicas. A mulher continuava em casa ocupada com o *governo doméstico*.

Mas é, ao mesmo tempo, uma família que começa a manifestar uma certa crise – muito moderada, embora. O tecido jurídico conjugal adelgaça-se um pouco, para se adaptar a essa crise. É o que parece revelar, nomeadamente, a substituição operada no regime supletivo de bens do casamento.

IV – POSIÇÃO ACTUAL: O CÔNJUGE SOBREVIVO É HERDEIRO LEGITIMÁRIO

A – A sucessão legitimária opera apenas em relação a uma parte ideal do património hereditário. O que quer dizer que a herança se deve considerar como dividida em duas partes ideais (mas não necessariamente iguais): uma, de que o *de cuius* pode dispor livremente (antes ou para depois da morte), a chamada ***quota disponível***, a outra, de que não pode dispor (sob pena de inoficiosadade), porque reservada a certos herdeiros, a que se chama ***quota indisponível, legitimária* ou *legítima*.**

Entre os romanos, no direito clássico e postclássico, a porção devida ao herdeiro necessário era medida exclusivamente pelo *"officium pietatis"* do testador, não era objecto de um direito subjectivo; por isso, não podia ser objecto de uma exigência do legitimário. Este, uma vez privado da legítima, no todo ou em parte, e apresentada a sua queixa de "testamento inoficioso", só podia ser atendido, não em demanda da legítima, mas em função do seu direito *ab intestato*[29].

Só mais tarde, a exemplo da "queixa de testamento inoficioso", é que foi introduzida no direito romano a "queixa de doação ou dote inoficioso": a doação inoficiosa era revogada e os bens doados eram atribuídos aos legitimários segundo a respectiva quota intestada. Assim, o efeito revogatório desta queixa, com a acção de impugnação, importava a entrada dos bens doados na herança *ut conquerentibus emolumenta debita conferantur*[30].

---

[29] Cfr. Luigi Mengoni, ob. cit., pág. 16.
[30] Cfr. Pereira Coelho, Lições de Direito das Sucessões, Parte I.

Na nossa Lei (artigo 2156.º do Código Civil) a legítima é definida como "*a porção de bens de que o testador não pode dispor, por legalmente destinada aos seus herdeiros legitimários*".

Há duas grandes orientações sobre a natureza jurídica da legítima.

Para uns, segundo a teoria da *pars hereditatis,* o direito à legítima é o direito a uma parte dos bens da herança. Para outros, segundo a teoria da *pars bonorum,* o direito à legítima é um direito a uma parte do valor desses bens. O herdeiro legitimário é, nestes termos, um simples credor da herança, pois só tem direito a um valor abstracto correspondente embora à sua legítima.

O nosso direito não resolve expressamente a questão, mas os dados legais são favoráveis à concepção da legítima como parte dos bens da herança *(pars hereditatis),* entendida esta no sentido do artigo 2162.º do Código Civil, como constituída pelos deixados *(relicta)* e pelos doados *(donata).* Com efeito, para além de assim se poder concluir da definição de legítima como *porção* de *bens* de *que o testador não pode dispor,* poderá invocar-se nesse sentido o princípio da intangibilidade da legítima, na versão do artigo 2163.º do Código Civil, bem como o facto de a redução das liberalidades inoficiosas ter de fazer-se em espécie (artigo 2174.º), o que não se justificaria se o direito à legítima fosse um simples direito a um valor abstracto.

Por outro lado, em vida do de *cuius,* a legítima embora não constitua ainda um direito subjectivo do legitimário é já uma *expectativa jurídica*[31], pois o direito deste à sucessão, apesar de ainda

---

[31] Ou, como também se tem dito, expectativa juridicamente tutelada. Exemplos mais evidentes dessa tutela são os casos previstos nos artigos 92.º do Código Civil (deferimento da curadoria provisória), 152.º do Código Civil (inabilitação por habitual prodigalidade do *de cuius*), 242.º, n.º 2 do Código Civil (nulidade de negócios simulados outorgados pelo *de cuius*), e, de forma indirecta, 2171.º do mesmo Código (inoficiosidade de doações feitas em vida pelo *de cuius*). Para maiores desenvolvimentos, cfr. *infra*, Capítulo IV-B.

algo de eventual e futuro, já goza de especial protecção: a lei tutela já o seu interesse de vir a ser chamado à herança e nisto a sua posição difere profundamente da do sucessível legítimo e da do testamentário[32].

A presença (existência) do legitimário impõe-se à vontade do de *cuius* como um **limite** representado pela sua quota indisponível; mas o interesse dele, embora receba assim uma forte protecção, não assume propriamente a forma de um direito. Na verdade, "esse pretenso direito não seria um direito real, que afectasse bens e os acompanhasse nas suas transmissões; nem um direito de crédito, que permitisse reclamar a prestação de coisas ou de serviços; nem um direito potestativo, que autorizasse a introdução de mudanças na ordem jurídica. Nem se vê a que outra categoria pudesse pertencer.

Verdadeiramente, o que o legitimário tem antes da devolução sucessória é uma expectativa no sentido técnico-jurídico da palavra"[33].

---

[32] GALVÃO TELES, Direito das Sucessões – Noções Fundamentais, 2ª ed., Lisboa, 1973, pág. 97.

[33] "Há quem sustente que ao cônjuge sobrevivo deverá ser atribuído apenas o usufruto da herança (ou de uma parte dela), como há quem defenda que ele deverá concorrer com os herdeiros em linha recta na propriedade da herança.

A favor da primeira solução, alega-se, fundamentalmente, que ela assegura ao cônjuge sobrevivo a manutenção do ambiente e do nível de vida em que estava inserido, ao mesmo tempo que torna possível conservar os bens na família (entendida esta como família-linhagem, formada pela cadeia de gerações). Além de que a concessão do usufruto é susceptível de favorecer o cônjuge nas pequenas heranças, em que uma quota da propriedade pode não produzir o rendimento de que carece para se manter.

Em defesa da segunda solução, observa-se ser a que melhor se adapta à moderna noção de família, em que o vínculo conjugal se equipara em dignidade ao parentesco fundado no sangue.

Pondera-se, por outro lado, que a consagração de um legado de usufruto dificulta a gestão dos bens da herança, afecta a sua livre circulação e cria possibilidades de conflito entre o beneficiário do usufruto e o beneficiário da raiz.

Alega-se também que o estabelecimento dos filhos (a nível, sobretudo, de garantias patrimoniais e de gestão dos bens que lhes ficaram a pertencer em nua propriedade) pode ser mais afectado pela concessão de um usufruto de longa

B – Com a Reforma do Código Civil de 1977, operaram-se importantes alterações na posição jurídico-sucessória do cônjuge sobrevivo.

Fundamentalmente, há a apontar duas inovações: por um lado, o cônjuge sobrevivo é hoje herdeiro (ao lado dos descendentes e dos ascendentes – artigo 2157.º do Código Civil); por outro, está enquadrado na primeira classe de sucessíveis do n.º 1 do artigo 2133.º (que se refere à sucessão legítima), ao lado dos descendentes, ou na segunda classe, ao lado dos ascendentes, podendo ainda ser chamado à totalidade da herança, na falta (ou incapacidade sucessória) de descendentes e ascendentes[34].

No entanto, o cônjuge sobrevivo perderá todos os direitos sucessórios "se à data da morte do autor da sucessão se encontrar divorciado ou separado judicialmente de pessoas e bens, por sentença que já tenha transitado ou venha a transitar em julgado, ou ainda se a sentença de divórcio ou separação vier a ser proferida posteriormente àquela data, nos termos do n.º 3 do artigo 1785.º" (artigo 2133.º, n.º 3)[35].

---

duração ao cônjuge sobrevivo do que pela atribuição de uma quota em propriedade plena. E não deixa de notar-se que o usufruto pode levar os filhos em dependência económica a vender a sua quota de raiz, com a consequente saída dos bens da família-linhagem.

Pelo que toca à preocupação de assegurar ao cônjuge sobrevivo a possibilidade de continuar a viver no ambiente que era seu, observa-se que tal preocupação encontrará resposta adequada na atribuição preferencial de certos direitos sobre a residência da família e o seu recheio"... (preâmbulo do Decreto-Lei n.º 496//77, de 25-11, n.º 51).

[34] Diz o n.º 3 do artigo 1785.º que "o direito ao divórcio não se transmite por morte, mas a acção pode ser continuada pelos herdeiros do Autor para efeitos patrimoniais, nomeadamente os decorrentes da declaração prevista no artigo 1787.º (que se refere à declaração do cônjuge único ou principal culpado), se o Autor falecer na pendência da causa; para os mesmos efeitos, pode a acção prosseguir contra os herdeiros do Réu".

[35] Pode argumentar-se dizendo que com a separação judicial cessam todos os efeitos patrimoniais do casamento. Mas este argumento não é decisivo, por duas ordens de razões. Por um lado, no caso de separação judicial, os cônjuges

A hipótese de divórcio com sentença transitada em julgado compreende-se perfeitamente; é também admissível este regime quando o divórcio venha a ser concedido depois da morte do *de cuius,* dado que se baseia em facto ocorrido em vida do ex-cônjuge.

Já no caso de separação judicial de pessoas e bens, a solução adoptada é deveras duvidosa. É que, havendo separação, cessam os efeitos pessoais e patrimoniais do casamento (sem prejuízo do direito de alimentos relativamente aos bens – *cfr.* alínea *a)* do n.º 1 do artigo 2009.º do Código Civil), à excepção do dever de fidelidade, dado que o vínculo conjugal não fica dissolvido (*cfr.* artigos 1688.º e 1795.º-A, ambos do Código Civil)[36]. A isto acresce que, no caso de separação de facto, os cônjuges mantêm reciprocamente os seus direitos sucessórios. E, no fundo, as duas situações são aproximadas. Parece-nos, por isso, incorrecta a solução adoptada pelo legislador. Deveria ter-se feito apelo à culpa dos cônjuges na separação e a partir daí, balizar os termos em que cada um deles sucederia ao outro; ou seja, o legislador deveria ter estabelecido um princípio segundo o qual só o cônjuge inocente ou menos culpado (no caso de separação litigiosa), teria direitos sucessórios em relação ao outro.

---

continuam casados, já que não se dissolve o vínculo conjugal (artigo 1795.º-A do Código Civil). Neste sentido, são sintomáticos os artigos 1795.º-C (Reconciliação), cujo n.º 1 diz que "os cônjuges podem a todo o tempo restabelecer a vida em comum e o exercício pleno dos direitos e deveres conjugais" e 1795.º-D, que se refere à conversão da separação em divórcio. Por outro lado, devemos lembrar-nos que os direitos sucessórios do cônjuge sobrevivo existem também se o regime de bens do casamento for o de separação. A similitude de situações é sintomática, dado que em ambos os casos os efeitos patrimoniais do casamento estão afastados.

[36] O regime da separação judicial de pessoas e bens vem regulado nos artigos 1794.º e seguintes do Código Civil.

Deve referir-se que a separação judicial de pessoas e bens não se confunde com a separação de facto, referida nas alíneas *a)* e *b)* do artigo 1781.º do mesmo Código, identificada como causa objectiva de divórcio litigioso (ruptura da vida em comum).

C – A inclusão do cônjuge sobrevivo entre os herdeiros legitimários vem ao encontro das modernas tendências do direito sucessório. Assim acontece na Lei Jugoslava das Sucessões (artigo 30.º)[37], no Código Civil Russo de 1964 (artigo 535.º)[38], no Código Civil Grego (artigo 1825.º)[39], no Código Civil Espanhol (artigo 807.º)[40] e no Código Civil Italiano (artigo 536.º)[41], para só dar alguns exemplos.

---

[37] Artigo 30.º (Quem tem a qualidade de herdeiro legitimário).
São legitimários: os descendentes do defunto, os seus filhos adoptivos e seus descendentes, ou seus pais e o seu cônjuge. Os outros ascendentes e os irmãos e irmãs do defunto não serão herdeiros legitimários a não ser que sofram duma incapacidade de trabalho durável e se lhes faltam meios de subsistência (...).

[38] Artigo 535.º – Os filhos menores ou incapazes de trabalhar do autor da herança, inclusive os adoptivos, e, quando se trate de pessoas incapazes de trabalhar, o cônjuge, os pais (mesmo os adoptivos) e as outras pessoas alimentadas pelo autor da herança, têm o direito de receber, independentemente do conteúdo do testamento, pelo menos dois terços do respectivo quinhão hereditário, os quais constituem a sua legítima (...) (Tradução do texto alemão de MEDER, "Das Sowyetrecht", 1971).

[39] Segundo o qual são herdeiros legitimários os descendentes (compreendidos os adoptivos), os pais e o cônjuge sobrevivo.

[40] Artigo 807.º – São herdeiros forçosos:
Primeiro: os filhos e descendentes legítimos em relação aos seus pais e ascendentes legítimos.
Segundo: na falta dos anteriores, os pais e ascendentes legítimos em relação aos seus filhos e descendentes legítimos.
Terceiro: o viúvo ou viúva, os filhos naturais legalmente reconhecidos e o pai ou mãe destes, pela forma e na medida que estabelecem os artigos 834.º a 842.º e 846.º.
Note-se que na lei espanhola existe, desde logo, uma grande diferença em relação aos sistemas anteriormente apontados. É que aqui distingue-se entre descendentes legítimos e ilegítimos, dando-se preferência absoluta àqueles. Princípio semelhante vigorava no Código Civil Português na redacção do Decreto-Lei n.º 47344, de 25-11-1966, embora aí houvesse apenas uma preferência relativa dos descendentes legítimos em relação aos ilegítimos (dado que todos herdavam, embora aqueles recebessem uma quota igual ao dobro da quota destes).

[41] Que considera herdeiros legitimários os filhos legítimos, os ascendentes legítimos, os filhos naturais e o cônjuge.

D – O cônjuge sobrevivo, enquanto herdeiro legitimário, goza de uma protecção legal especial face a qualquer outro herdeiro não legitimário. Por morte do *de cuius,* ele goza de uma situação privilegiada na concorrência aos bens que fazem parte da massa da herança. Mas goza também, ainda em vida do autor da sucessão, de uma protecção tal que leva alguns autores[42] a afirmar que o herdeiro legitimário tem já uma expectativa juridicamente protegida a vir a suceder nos bens do autor da sucessão, como já referimos sumariamente. E, na verdade, a lei prevê várias formas de proteger essa expectativa. Quer-se com isto dizer que o autor da sucessão não pode delapidar o seu património ou desfazer-se dele levianamente, dado que os seus presuntivos herdeiros legitimários (entre eles está o cônjuge sobrevivo), podem reagir contra tais actos. É o que acontece com o artigo 242.°, n.° 2 do Código Civil, que permite aos herdeiros legitimários arguir a nulidade de negócios simulados praticados pelo autor da sucessão com o intuito de os prejudicar[43].

---

[42] Entre eles avulta, PEREIRA COELHO, Curso cit., II Parte, págs. 36 e segs.

[43] Vamos supôr que A, casado com B, diz vender um seu prédio X a um estranho C, mas o que efectivamente houve foi uma doação. Neste caso, B tem legitimidade para invocar a declaração de nulidade de tal negócio.

Evidentemente que este tipo de simulação pode interessar a A, caso não pretenda que o seu cônjuge lhe suceda. É que, se ele declarasse a doação que efectivamente pretendia fazer a favor de C, após a sua morte, essa doação poderia vir a ser reduzida por inoficiosidade (artigos 2171.° e 2173.°). Ora, se A declarar, uma venda, já o seu valor não entrará para o cálculo da massa da herança (cfr. artigo 2162.°), já que resulta óbvio que, havendo venda, à saída do bem do património corresponde a entrada de um determinado montante monetário. Mas, como bem se compreende, será sempre difícil provar como foi gasto esse dinheiro (caso ele não exista no património no momento da morte).

Daqui, o grande interesse da simulação: declara-se uma venda (negócio simulado), quando houve uma doação (negócio dissimulado), sai o prédio do património de A, declara-se um determinado valor de venda, mas esse valor é incontrolável e, no momento da morte de A, não conseguirá B provar como e onde o seu cônjuge gastou essa importância.

É também o caso referido no artigo 152.º do mesmo Código, segundo o qual pode requerer-se a inabilitação por habitual prodigalidade[44].

Ainda o artigo 92.º do Código Civil diz-nos que a curadoria provisória é deferida, em primeiro lugar, ao cônjuge do ausente. Daí que, embora de uma forma indirecta, se esteja também a proteger a expectativa deste presuntivo herdeiro legitimário.

Finalmente, refira-se a norma do artigo 2171.º, que permite a redução por inoficiosidade das doações feitas em vida pelo *de cuius*. É certo que a redução só pode ser pedida depois da abertura da sucessão (ou seja, depois da morte do *de cuius*). Mas como podem vir a ser reduzidas as doações feitas em vida (cfr. artigos 2171.º e 2173.º), há também aqui uma forma de protecção (embora indirecta) do presuntivo herdeiro legitimário em vida do autor da sucessão[45].

E – Interessa, por outro lado, e dado que o cônjuge sobrevivo é herdeiro legitimário, saber qual será a legítima global, ou seja,

---

[44] Será, nomeadamente, o caso de o autor da sucessão delapidar inadvertidamente o seu património. Desconfia-se, então, que este não se encontra no melhor do seu estado de saúde mental; daí que os presuntivos herdeiros legitimários possam requerer que a administração dos seus bens lhe seja retirada e entregue a um curador (artigo 1532.º).

[45] O cálculo da massa da herança obedece à regra do artigo 2162.º, segundo o qual deve atender-se ao valor dos bens existentes no património do autor da sucessão à data da sua morte, ao valor dos bens doados (excepto os referidos no artigo 2112.º, que não estão sujeitos a colação – artigo 2162.º, n.º 2 –, pois trata-se de bens que pereceram ainda em vida do autor da sucessão por causa não imputável ao donatário), às despesas sujeitas a colação e às dívidas da herança. Mas a enumeração deste artigo não pretende estabelecer uma cronologia entre as operações a efectuar. É que, apesar de o artigo 2162.º referir a dedução das dívidas em último lugar, deve entender-se que essa é a primeira operação a efectuar, dado que pelas dívidas da herança respondem só os bens deixados no momento da morte e já não os bens doados em vida pelo autor da sucessão. Neste sentido, veja-se PEREIRA COELHO, ob. cit., II Parte, págs. 308 e segs.

Note-se ainda que é sobre o valor calculado nos termos deste artigo 2162.º que se deduzirá a percentagem que compõe a legítima.

aquela porção de bens de que o *de cuius* não pode dispor por se destinarem necessariamente aos herdeiros forçados (cônjuge, descendentes e ascendentes). Ora, essa legítima será de 2/3 da massa da herança[46] em caso de concurso de cônjuge com descendentes (artigo 2159.º, n.º 1), bem assim como no caso de concurso de cônjuge com ascendentes (artigo 2161.º, n.º 1).

Por outro lado, a legítima do cônjuge é de metade da massa da herança quando não existam nem descendentes nem ascendentes (artigo 2158.º do Código Civil)[47].

---

[46] Na redacção original do Código Civil (Decreto-Lei n.º 47344, de 25- -11-66) a legítima dos filhos era de metade da herança se existisse um filho e de dois terços no caso de haver dois ou mais filhos (artigo 2158.º, n.º 1), sem esquecer que, nesse caso, se seguiam as normas discriminatórias, segundo as quais os filhos legítimos recebiam uma quota igual ao dobro da quota dos filhos ilegítimos (artigo 2139.º, n.º 2, na redacção do Decreto-Lei n.º 47344, de 25-11-66).

No caso de serem chamados à sucessão os pais do *de cuius,* a legítima era de metade da herança (artigo 2160.º) e quando sucedessem ascendentes do segundo grau e seguintes, a legítima era de um terço da herança (artigo 2161.º).

[47] Os direitos sucessórios resultantes da adopção são diferentes, conforme se trate de adopção plena ou de adopção restrita.

Pela *adopção plena* o adoptado adquire a situação de filho do adoptante e integra-se com os seus descendentes na família deste (artigo 19862.º, n.º 1), adquirindo, assim, os mesmos direitos sucessórios de qualquer descendente natural do *de cuius*. Integra-se, por isso, na 1ª classe de sucessíveis do artigo 2133.º, n.º 1, e é, inclusivamente, herdeiro legitimário (2157.º).

No que se refere à *adopção restrita,* deve dizer-se que o adoptado, ou seus descendentes, e os parentes do adoptante não são herdeiros legítimos ou legitimários uns dos outros (artigo 1996.º), mas o adoptado (e, por direito de representação, os seus descendentes) pode ser chamado à sucessão do adoptante, como herdeiro legítimo, na falta de cônjuge, descendentes e ascendentes (artigo 1999.º, n.º 2), ficando, assim, colocado entre a 2ª e a 3ª classes de sucessíveis do artigo 2133.º, n.º 1; por outro lado, o adoptante é chamado à sucessão do adoptado ou dos seus descendentes, na falta de cônjuge, descendentes, ascendentes ou irmãos e sobrinhos do falecido (artigo 1999.º, n.º 3), estando, portanto, integrado numa classe a colocar entre a 3ª e a 4ª classes de sucessíveis do n.º 1 do artigo 2133.º.

F – Uma vez conhecida a legítima global em cada caso, interessa saber qual a quota que cabe a cada um dos legitimários (e, no nosso caso, especialmente ao cônjuge sobrevivo), dentro desta legítima.

Para o efeito, devemos dissecar o artigo 2157.º em cada um dos seus elementos. Diz este artigo que "são herdeiros legitimários o cônjuge, os descendentes e os ascendentes, pela ordem e segundo as regras estabelecidas para a sucessão legítima".

Somos, assim, remetidos para as normas dos artigos 2131.º e segs. Dentre estas, destacamos, desde já, o artigo 2133.º, n.º 1, segundo o qual a ordem por que são chamados os herdeiros, sem prejuízo do disposto no título da adopção, é a seguinte:[48]

a) Cônjuge e descendentes;
b) Cônjuge e ascendentes; (...).

E o n.º 2 do mesmo artigo acrescenta que "o cônjuge sobrevivo integra a primeira classe de sucessíveis, salvo se o autor da sucessão falecer sem descendentes e deixar ascendentes, caso em que integra a segunda classe".

Por outro lado, o cônjuge sobrevivo sucede na totalidade dos bens, caso não existam nem descendentes, nem ascendentes (artigo 2144.º).

Com este sistema atenuou-se bastante a influência do chamado modelo familiar no nosso direito sucessório, até porque o cônjuge sobrevivo é também herdeiro legitimário. Assim, hoje já não é possível manter, impreterivelmente, os bens dentro da mesma família no momento da morte de uma pessoa. Ora, vejamos a hipótese de um indivíduo *A* que falece sem descendentes nem ascendentes, sendo a sua herança diferida, na totalidade, para o cônjuge sobrevivo, *B*. Mais tarde, falecendo *B,* todos os seus bens (inclusivamente os que havia recebido do seu cônjuge por sucessão) irão para a sua família (nomeadamente, a pessoa com quem tenha posteriormente contraído novo casamento), os seus descendentes (nomeada-

---

[48] Parece-nos, assim, desnecessária, por repetitiva, a 1ª parte do n.º 1 do artigo 2139.º.

mente, os do segundo matrimónio), ascendentes, irmãos e seus descendentes ou outros colaterais até ao 4.º grau (artigo 2133.º, n.º 1).

Um outro princípio que resulta das normas da sucessão legítima é o de que a partilha se efectua por cabeça, ou seja, os parentes de cada classe sucedem em partes iguais, salvas as excepções previstas na lei (artigo 2136.º). É a duas dessas excepções que nos referimos de seguida.

1.º – CONCURSO DE CÔNJUGE E DESCENDENTES

No caso de concurso entre cônjuge e descendentes (hipótese da al. *a)* do n.º 1 do artigo 2133.º) a partilha faz-se por cabeça, de acordo com o princípio geral do artigo 2136.º, já referido.

Mas a lei, excepcionando este princípio, diz que o cônjuge nunca pode receber uma quota inferior a uma quarta parte da herança (artigo 2139.º, n.º 1, 2ª parte)[49].

Para o efeito, imaginemos o seguinte exemplo:

EXEMPLO:
A + 2004
BENS = € 800.000,00

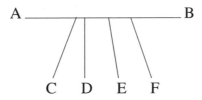

X (estranho)
(doação = € 300.000,00)

Y (estranho)
(doação = € 100.000,00)

---

[49] Há quem pretenda interpretar literalmente a lei, dizendo que cabe sempre ao cônjuge sobrevivo, pelo menos, um quarto da herança. Mas não achamos correcta esta posição, como iremos demonstrar com um exemplo a seguir constante do texto.

DESENVOLVIMENTO:

A faleceu em 2004, tendo deixado sobrevivos o seu cônjuge *B* e quatro filhos, *C, D, E* e *F*. Em vida tinha feito uma doação a favor de um estranho *X* no valor de € 300.000,00 e uma doação a outro estranho *Y* no valor de € 100.000,00. No momento da morte, deixa bens no valor de € 800.000,00. Na presente hipótese, a massa da herança é de € 1.200.000,00, pelo que a legítima será de € 800.000,00 contos (1.200.000 x 2/3 =800.000,00 – artigo 2159.º, n.º 1). Ora, se o cônjuge sobrevivo recebesse, pelo menos, um quarto da herança (por aplicação directa do artigo 2139.º, n.º 1, 2ª parte), na presente hipótese a sua quota seria de € 300.000,00 (1.200.000 x 1/4 =300.000,00). E então teríamos uma de duas hipóteses: ou se prejudicavam os filhos, herdeiros legitimários, que recebiam uma legítima inferior àquela a que legalmente têm direito (o que não pode acontecer, face ao princípio da intangibilidade da legítima – artigo 2156.º); ou então, teria(m) de reduzir-se uma ou ambas as doações feitas em vida pelo *de cuius,* por conta da quota disponível, violando assim frontalmente a vontade expressamente manifestada no sentido de deixar certos bens ou valores (de que pode legitimamente dispor) a favor de determinada(s) pessoa(s), desde que aquelas não sejam inoficiosas. Assim sendo, terá de interpretar-se o artigo 2139.º, n.º 1, segunda parte no sentido em que acima assinalamos; ou seja, no caso vertente, o cônjuge B, receberá apenas 1/4 da legítima global (800.000,00 x 1/4 = 200.000,00), e nada mais, dado que o autor da sucessão dispôs de toda a sua quota disponível (300.000,00 para *X*, mais 100.000,00 para *Y* = 400.000,00, que é o valor da quota disponível). Se, por acaso, *A* só tivesse feito a doação a *X,* restavam € 100.000,00 da quota disponível (remanescente da quota disponível), dos quais *B*, na qualidade de cônjuge sobrevivo, iria receber 1/4,ou seja, € 25.000,00 (a título de herdeiro legítimo).

Evidentemente que resulta deste princípio o seguinte raciocínio: o cônjuge sobrevivo, enquanto herdeiro legitimário nunca poderá receber menos de uma quarta parte da legítima, tendo ainda direito a ser encabeçado em, pelo menos, um quarto da quota disponível ou do seu remanescente[50]. Mas, para melhor compreensão desta questão, exemplifiquemos com mais alguns casos práticos[51].

EXEMPLO I

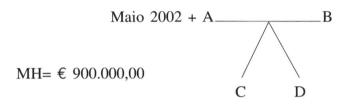

MH= € 900.000,00

DESENVOLVIMENTO

Numa primeira hipótese, vamos supor que A, casado com B, falece em Maio de 2002, tendo deixado dois filhos (do casamento) C e D[52]. No momento da morte, a massa da herança vale € 900.000,00.

---

[50] Note-se que, de acordo com o princípio geral do artigo 12.º do Código Civil, que se refere à aplicação das leis no tempo, a nova lei só é aplicável às sucessões abertas após 1 de Abril de 1978, dia da entrada em vigor das alterações ao Código Civil. Até porque as disposições transitórias do Decreto-Lei n.º 496/77, de 25-11, não fazem qualquer ressalva nesta matéria.

[51] Note-se que, após a Constituição da República de 1976 e a Reforma do Código Civil, é indiferente que se trate de filhos do casal. O que é necessário é serem filhos do *de cuius*. Na verdade, nos termos do artigo 36.º, n.º 4, da Constituição, não se pode hoje estabelecer discriminação entre os filhos nascidos dentro e fora do casamento; por outro lado, e em obediência a este princípio, o Código Civil já não faz referência a filhos ilegítimos, como acontecia na anterior redacção com os artigos 2041.º e 2042.º (direito de representação), 2080.º, n.º 2 (preferência dos parentes legítimos aos parentes ilegítimos no exercício do cargo de cabeça-de-casal), 2139.º e 2140.º (desigualdade de quotas na sucessão legítima de descendentes) e 2158.º, n.º 2 e 2159.º (desigualdade de quotas na sucessão legitimária de descendentes).

[52] Para a realização da partilha é fundamental saber qual o regime de bens que vigora para aquele casamento. É que, dissolvendo-se o casamento pela morte de um dos cônjuges, cessam então as relações patrimoniais entre eles

Ora, a legítima é, neste caso, de 2/3 da massa da herança (artigo 2159.º, n.º 1), ou seja, € 600.000,00. Este valor será, então, partilhado por cabeça, cabendo a cada um dos herdeiros legitimários a quantia de € 200.000,00 (artigos 2136.º e 2139.º, n.º 1, 1ª parte, *ex vi* artigo 2157.º, todos do Código Civil)[53].

EXEMPLO II

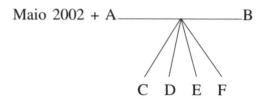

MH = € 1.200.000,00

DESENVOLVIMENTO

Já será diferente a solução se A tiver deixado o seu cônjuge B e quatro filhos C, D, E e F. Vamos supor que a massa da herança vale € 1.200.000,00, pelo que a legítima será de € 800.000,00 contos (1.200.000,00 x 2/3 = 800.000,00). Parecia-nos lógico que a legítima deveria ser partilhada entre os cinco herdeiros existentes em partes iguais (dado que a partilha se faz por cabeça – artigos 2136.º e 2139.º, n.º 1, 1ª parte *ex vi* artigo 2157.º). Mas, dado o

---

(artigo 1688.º). Ora, se se encontravam casados em regime de comunhão (geral ou de adquiridos), ter-se-á então de proceder à partilha dos bens comuns do casal (artigo 1689.º). Pode-se, assim, dizer que nesta hipótese há lugar a duas partilhas: a primeira, para a atribuição da meação dos bens comuns ao cônjuge sobrevivo; a segunda, para a partilha da meação do falecido (assim como dos seus bens próprios) pelos seus herdeiros.

[53] Em relação à quota disponível (€ 300.000,00) ou ao seu remanescente, terão ainda direito B, C e D, também em partes iguais, mas agora a título de herdeiros legítimos (artigo 2139.º, n.º 1, I parte, aplicado directamente).

conteúdo do artigo 2139.º, n.º 1, 2ª parte, o cônjuge sobrevivo tem de receber, pelo menos, uma quarta parte da legítima (também por força do artigo 2157.º). Portanto, no caso vertente, B recebe € 200.000,00, a título de legítima (800.000,00 X 1/4=200.000,00), sendo os restantes € 600.000,00 divididos entre os quatro filhos, por cabeça, ou seja, € 150.000,00 para cada um[54].

2.º – CONCURSO DE CÔNJUGE E ASCENDENTES

Diz o artigo 2142.º, n.º 1, que no caso de concurso entre cônjuge e ascendentes, ao cônjuge pertencerão duas terças partes e aos ascendentes uma terça parte. Uma vez mais o legislador estabeleceu um princípio de beneficiação do cônjuge sobrevivo. Mas vamos exemplificar:

EXEMPLO

MH= € 900.000,00

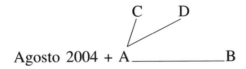

Agosto 2004 + A_____B

---

[54] Obviamente que o mesmo princípio, segundo o qual o cônjuge recebe, pelo menos, um quarto vale também em relação aos € 400.000,00 que preenchem a quota disponível (artigo 2139.º, n.º 1, segunda parte, aplicado directamente), caso o *de cuius* não tenha disposto desses bens. Ou seja, se não tiver havido qualquer liberalidade *(inter vivos ou mortis causa)* que seja de imputar nessa quota, B recebe mais € 100.000,00, a título de sucessão legítima (400.000,00 X 1/4 = 100.000,00), sendo os restantes € 300.000,00 partilhados, por cabeça, entre os quatro filhos (ou seja, € 75.000,00 para cada um). Caso o *de cuius* tenha feito liberalidades (a imputar na sua quota disponível) mas, apesar disso, não tenha esgotado a porção de bens de que podia dispor livremente, então esse remanescente será distribuído entre o cônjuge e descendentes na mesma proporção.

DESENVOLVIMENTO

Suponhamos que *A* faleceu em Agosto de 2004, tendo deixado sobrevivos o seu cônjuge *B* e os seus pais *C* e *D*. A massa da herança vale € 900.000,00; logo, a legítima global é de € 600.000,00 (2/3 de € 900.000,00 – artigo 2161.º, n.º 1). Desses € 600.000,00, € 400.000,00 pertencerão ao cônjuge *B* a título de legítima (600.000,00 x 2/3 = 400.000,00) e os restantes € 200.000,00 serão divididos, em partes iguais entre *C* e *D* (artigo 2142.º, n.º 3).

Se um dos ascendentes não quiser (porque repudia) ou não puder (porque pré-faleceu, está ausente, sendo declarada a sua morte presumida ou foi deserdado)[55] aceitar a sua legítima, esta *apenas* acresce ao outro ascendente. É o que resulta da 1ª parte do artigo 2143.º do Código Civil. Estabelece-se, assim, um regime particular em matéria de direito de acrescer (artigos 2301.º, e segs.). É que, pelos princípios gerais deste instituto, seríamos levados a pensar que a quota do ascendente que não quis ou não pode aceitar iria acrescer também ao cônjuge sobrevivo (e na proporção estabelecida no n.º 1 do artigo 2142.º).

Assim, imaginemos o seguinte caso:

EXEMPLO

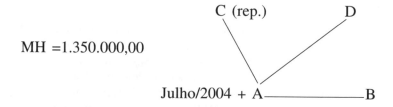

---

[55] Ou é incapaz por indigno (artigo 2034.º). Mas este caso só tem interesse quanto à quota disponível ou quanto ao seu remanescente, ou seja, naqueles casos em que o ascendente é chamado a título de herdeiro legítimo.

Sobre esta problemática, veja-se PEREIRA COELHO, ob. cit., II Parte, págs. 101 e segs.

DESENVOLVIMENTO

A faleceu em Julho de 2004, deixando sobrevivos o seu cônjuge B e os seus pais C e D. Os bens próprios de A valem € 1.350.000,00. Daí que a legítima global do cônjuge e ascendentes seja de € 900.000,00 (artigo 2161.º). Ora, no nosso caso, ao cônjuge caberão duas terças partes da legítima (ou seja, € 600.000,00) e aos ascendentes uma terça parte (€ 300.000,00, sendo € 150.000,00 para cada um). Se, por hipótese, C repudia a herança, face ao princípio do artigo 2301.º seríamos levados a dizer que a sua quota acrescia a B e D e segundo a proporção estabelecida pelo n.º 1 do artigo 2142.º, ou seja, dos € 150.000,00 atribuídos a C, € 100.000,00 seriam para o cônjuge B (150.000,00 X 2/3 = 100.000,00) e € 50.000,00 para D. No entanto, a 1ª parte do artigo 2143.º afasta esta hipótese, determinando que essa quota que C repudiou acrescerá apenas a D.

Se a 1ª parte do artigo 2143.º tem o interesse acima indicado, já não compreendemos a razão de ser da 2ª parte do mesmo preceito. Aí diz-se que se os ascendentes não existirem a sua quota acresce à do cônjuge sobrevivo. Ora, nos termos do artigo 2144.º, na falta de descendentes e ascendentes, o cônjuge sobrevivo é chamado à totalidade da herança; o que quer dizer que, a nível da sucessão legítima, a segunda parte do artigo 2143.º não tem qualquer conteúdo útil, dado o preceituado no artigo 2144.º. Há uma repetição nos preceitos legislativos que achamos desnecessária. De facto, se existe um princípio geral no artigo 2144.º segundo o qual o cônjuge sobrevivo é chamado à totalidade da herança (leia-se, totalidade da legítima e quota disponível ou seu remanescente) na falta de descendentes e ascendentes, não se vê a necessidade de o artigo 2143.º, 2ª parte, vir dizer que no caso de não existência dos ascendentes acresce ao cônjuge a parte daqueles.

Mas se nos colocarmos a nível da sucessão legitimária, já nos surgirão problemas maiores. Note-se que no caso de concurso entre cônjuge e ascendentes a legítima global é de 2/3 da massa da herança (artigo 2161.º, n.º 1); mas se o autor da sucessão não deixar descendentes nem ascendentes a legítima será de metade da herança (artigo 2158.º). O que quer dizer, afinal, que se os ascendentes não existirem, a sua legítima não acresce ao cônjuge (como pretende o artigo 2143.º, 2ª parte, *ex vi* artigo 2157.º), mas haverá antes uma outra legítima atribuída a este (que é de metade da massa da herança, conforme resulta do artigo 2158.º). Parece-nos, por isso, infeliz a formulação legislativa.

O preceito legislativo já teria conteúdo útil se dissesse: *"se os ascendentes não puderem por motivo diferente da pré-morte, ou não quiserem aceitar a sua quota, esta acrescerá ao cônjuge sobrevivo"*. É que, neste caso, o ou os ascendentes existem e, por isso, levanta-se o problema de saber se eles deverão fazer número para efeitos de atribuição da legítima global. Ora, parece-nos que a determinação da legítima não há-de estar dependente do repúdio ou incapacidade sucessória do ou dos ascendentes. Se assim fosse, haveria uma grande instabilidade na determinação da quota global a atribuir aos legitimários. Por isso, defendemos a posição segundo a qual o facto de o ou os ascendentes repudiarem a herança ou serem incapazes de a aceitar não é relevante para efeitos de determinação da legítima global. Ou seja, desde que os ascendentes existam, mesmo que repudiem ou sejam incapazes, a legítima é de 2/3 da massa da herança.

V – O CÔNJUGE SOBREVIVO É HERDEIRO LEGÍTIMO

Conforme já referimos nos números anteriores, o cônjuge sobrevivo é também herdeiro legítimo (no que concerne à quota disponível ou ao seu remanescente) e na mesma proporção indicada para a legítima. Assim sendo, quando concorre com descendentes, a partilha da quota disponível faz-se por cabeça, a não ser que haja quatro ou mais filhos (caso em que o cônjuge recebe, necessariamente, uma quarta parte); se concorre com ascendentes, o cônjuge recebe duas terças partes da quota disponível, etc... Deve, portanto, adaptar-se a este caso tudo o que escrevemos *supra*.

Interessa, no entanto, explicar o âmbito de aplicação prática relativamente ao disposto nos artigos 2139.º, n.º 1 e 2142.º, n.º 1.

O artigo 2131.º do Código Civil estabelece que os herdeiros legítimos são chamados à sucessão *se e quando o falecido não tiver disposto válida e eficazmente, no todo ou em parte, dos bens de que podia livremente dispor para depois da morte.*

Assim, quando o legislador diz que "*... a quota do cônjuge, porém, não pode ser inferior a uma quarta parte da herança*", não quer determinar que ao cônjuge cabe sempre uma quarta parte da *massa da herança* ou mesmo que lhe caiba uma quarta parte dos *bens deixados* pelo *de cuius*. O que a lei pretende é que o cônjuge receba, na sucessão legítima, pelo menos uma quarta parte daqueles bens (ou do seu remanescente) de que o autor da sucessão podia dispor livremente para depois da morte. Mas exemplifiquemos.

EXEMPLO:

Bens deixados = € 2.000.000,00
Doação a G = € 400.000,00
Legado a H = € 400.000,00

+ 2004 A ————— B
C D E F

DESENVOLVIMENTO

A, casado com B, faleceu em 2004, tendo deixado sobrevivos, para além do cônjuge, quatro filhos, C, D, E e F. Os bens próprios de A, à data da sua morte, valem € 2.000.000,00.

Em 1990, A fez uma doação ao seu amigo G, no valor de € 400.000,00 e fez testamento, em que beneficia a sua empregada doméstica H com € 400.000,00 em numerário.

A massa da herança é, portanto, de € 2.400.000,00, que é o valor correspondente à soma dos bens deixados (2.000.000,00) com os bens doados (400.000,00), como resulta do cálculo estabelecido no artigo 2162.º.

Se a expressão "herança" contida na 2ª parte do n.º 1 do artigo 2139.º devesse ser entendida como *massa de herança* ou apenas como *bens deixados,* o cônjuge, a título de herdeiro legítimo, teria direito a, respectivamente, € 600.000,00 (1/4 de € 2.400.000,00) ou € 500.000,00 (1/4 de € 2.000.000,00). No entanto, não é nenhuma destas soluções a que melhor se harmoniza com as regras da sucessão legítima.

Efectivamente, como existem herdeiros legitimários, há que calcular, em primeiro lugar, o valor da legítima e o valor da quota disponível. Na hipótese vertente, a medida da legítima é dois terços da massa da herança (artigo 2159.º, n.º 1), ou seja, € 1.600.000,00, pelo que o valor da quota disponível é de € 800.000,00.

O autor da sucessão deixou bens no valor de € 2.000.000,00, como já referimos, pelo que há bens suficientes na herança para que a legítima seja respeitada. Assim sendo, a doação feita por *A* a *G* não é inoficiosa e, por isso torna-se intocável. Quanto ao legado feito a favor de *H*, também deve ser respeitado, pois o seu cumprimento não atinge a legítima dos herdeiros legitimários.

Satisfeito o legado, restam na herança exactamente € 1.600.000,00 (ou seja, o valor da legítima global), já que o autor da sucessão esgotou a sua quota disponível através da doação de € 400.000,00 mais o legado de outros tantos € 400.000,00.

Assim sendo, nada há para distribuir pelos herdeiros legítimos, enquanto tais. E isto porque, como já referimos, a sucessão legítima só se abre quando o autor da sucessão *não tiver disposto, no todo ou em parte, dos bens de que podia dispor livremente.*

VI – ATRIBUIÇÕES PREFERENCIAIS

Uma outra inovação importante na Reforma de 1977 foi a atribuição ao cônjuge sobrevivo de determinadas preferências no momento da partilha.

Dentro da tramitação do fenómeno sucessório, a partilha é, talvez, o momento fundamental, pois é a partir dele que cada um dos herdeiros fica a conhecer os bens em que é encabeçado.

A partilha faz-se, em princípio, extrajudicialmente, quando há acordo entre os interessados, ou por inventário judicial, quando falta esse acordo.

Na redacção original do Código Civil (artigo 2102.º, n.º 2) estabelecia-se que: "o inventário judicial é, porém, obrigatório, sempre que a lei exija aceitação beneficiária da herança, e ainda nos casos em que algum dos herdeiros não possa, por motivo de ausência ou de incapacidade permanente, outorgar em partilha extrajudicial", esclarecendo a lei que era exigida a aceitação beneficiária da herança quando esta fosse deferida a menor, interdito, inabilitado ou pessoa colectiva (artigo 2053.º, n.º 1).

Com a publicação e entrada em vigor do Decreto-Lei n.º 227/94, de 8 de Setembro, as alterações por ele introduzidas no Código Civil e no Código de Processo Civil implicaram a cessação da obrigatoriedade de inventário, por motivo da eliminação da regra estabelecida pelo artigo 2053.º do Código Civil. Contudo, para que a partilha possa ser feita extrajudicialmente, quer os pais como representantes do filho menor, quer o tutor, carecem de autorização do tribunal (cfr. artigos 1889.º, n.º 1, alínea *l)* e 1938.º, n.º 1, alínea *a)*, ambos do Código Civil).

Nesta sequência, e quanto à forma da partilha, estabelece o n.º 2 do artigo 2102.º do Código Civil que "procede-se ainda a inventário judicial quando o Ministério Público o requeira, por entender que o interesse do incapaz a quem a herança é deferida implica aceitação beneficiária, e ainda nos casos em que algum dos herdeiros não possa, por motivo de ausência em parte incerta ou de incapacidade de facto permanente, outorgar em partilha extrajudicial.

Ultrapassado este parêntesis, convém referir que o cônjuge sobrevivo pode ser duplamente interessado na partilha quando o regime de bens do casamento seja o de comunhão (geral ou de adquiridos), pois nesse caso cabe ao cônjuge, para além da sua legítima (e da parte na quota disponível ou seu remanescente, quando existem), a meação nos bens comuns. Nestes casos, há até lugar a duas partilhas: Uma a dos bens comuns do casal[56] e posteriormente, a partilha dos bens próprios (e da meação nos bens comuns) do cônjuge que falece. Evidentemente que esta posterioridade da partilha dos bens do *de cuius* é apenas jurídica. Nada impede que as duas partilhas sejam feitas no mesmo acto.

Ora, quer a partilha se faça judicial ou extrajudicialmente, há determinados bens[57] que pertencem ao cônjuge sobrevivo, pois é-lhe atribuído o direito preferencial de vir a ser encabeçado neles[58]. Trata-se do direito de habitação sobre a casa de morada da família e do direito de uso do respectivo recheio (artigo 2103.º-A, n.º 1). Estamos perante um caso de nomeação de legatário *ex vi legis* dado que o cônjuge sobrevivo é encabeçado em bens determinados[59]. É

---

[56] Claro que a palavra *bens* está aqui tomada num sentido amplo. É que, como diremos adiante, o direito sucessório do cônjuge pode não recair sobre os próprios bens, mas sobre o seu uso.

[57] Sobre as atribuições preferenciais do cônjuge sobrevivo no direito francês, cfr. J. RENAULT, "Le Statut Civil du Conjoint Survivant", Bruxelles, 1970, 473 e segs.

[58] Sobre os direitos de uso e habitação, vejam-se os artigos 1484.º e segs do Código Civil.

[59] No mesmo sentido, R. CAPELO DE SOUSA, "Lições de Direitos das Sucessões", Coimbra, págs. 55 e segs.

que o seu direito não se estende aos próprios bens (à propriedade plena sobre esses bens), antes está limitado ao direito de habitação (da casa de morada) e/ou ao uso (do respectivo recheio), direitos que se extinguem necessariamente no momento da sua morte (artigo 1476.º, n.º 1, alínea *a)*, ex vi artigo 1485.º).

Este direito de preferência está sujeito a um regime especial, de que convém salientar dois aspectos: o primeiro deles é que o valor recebido pelo cônjuge sobrevivo é imputado na sua "parte sucessória e meação, se a houver" (artigo 2103.º-A, n.º 1)[60-61] e, por outro lado, pode caducar "se o cônjuge não habitar a casa por prazo superior a um ano"[62], salvo se se verificar algum dos casos particulares a que se refere o n.º 2 do artigo 64.º do Decreto-Lei n.º 321-B/90, de 15 de Outubro (R.A.U.)[63-64-65].

---

[60] Mas se o valor exceder essa parte sucessória e meação, o cônjuge sobrevivo deve *tornas* aos co-herdeiros (artigo 2103.º-A, n.º 1).

[61] A este propósito, cfr. R. CAPELO DE SOUSA, Lições cits., Coimbra, 1978, págs. 55 e segs.

[62] O que é também fundamento de resolução do contrato de arrendamento, nos termos da 1ª parte da alínea *i)* do n.º 1 do artigo 64.º do R.A.U..

[63] Diz o n.º 2 do artigo 64.º:

2. Não tem aplicação o disposto na alínea *i)* do número anterior (o senhorio pode resolver o contrato de arrendamento se o inquilino conservar o prédio desabitado por mais de um ano ou, sendo o prédio destinado a habitação, não tiver nele residência permanente, habite ou não outra casa, própria ou alheia):

a) Em caso de força maior ou de doença;

b) Se o arrendatário se ausentar por tempo não superior a dois anos, em cumprimento de deveres militares, ou no exercício de outras funções públicas ou de serviço particular por conta de outrem, e bem assim, sem dependência de prazo, se a ausência resultar de comissão de serviço público, civil ou militar por tempo determinado;

c) Se permanecerem no prédio o cônjuge ou parentes em linha recta do arrendatário ou outros familiares dele, desde que, neste último caso, com ele convivessem há mais de um ano.

[64] Note-se que, a pedido dos proprietários, pode o tribunal, quando o considere justificado, impor ao cônjuge a obrigação de prestar caução (artigo 2103.º-A, n.º 3).

[65] Direito de habitação e contrato de arrendamento são duas figuras jurídicas que não se podem confundir. A primeira enquadra-se nos direitos reais de

Com a atribuição preferencial do direito de habitação da casa de morada da família ao cônjuge sobrevivo, levantam-se algumas dúvidas sérias. E a dúvida principal existe quanto ao que deve entender-se por casa de morada de família. É certo que o n.º 1 do artigo 1673.º diz que *"os cônjuges devem escolher de comum acordo a residência da família..."*; não havendo acordo, decide o tribunal sobre a sua fixação ou alteração, a requerimento de qualquer dos cônjuges (artigo 1673.º, n.º 3). Mas, não devemos esquecer-nos, por um lado, que qualquer um dos cônjuges pode adoptar residência diversa quando haja motivos ponderosos (por exemplo, exercício de cargo público ou trabalho por conta de outrem em localidade diferente daquela onde inicialmente vivia o casal), como pode também não haver uma única residência da família[66].

Por outro lado, os cônjuges podem estar separados de facto.

Neste caso não há, evidentemente, residência da família, dado que não há uma prevalência de qualquer dos cônjuges em relação ao outro (cfr. artigo 36.º, n.º 3 da Constituição de 1976)[67].

---

gozo, enquanto a segunda é matéria do direito dos contratos. No entanto, o legislador, por uma questão de comodidade, mandou aplicar, nesta hipótese, ao direito de habitação a norma que regula as excepções à resolução do contrato de arrendamento. A analogia prática das situações justifica-o.

[66] Podemos pensar na hipótese, embora anómala, de durante toda a vigência do casamento, cada um dos cônjuges ter adoptado residências diferentes em localidades distintas; como podemos também pensar na hipótese, já menos académica, de os cônjuges repartirem a sua vida entre duas residências que têm em terras diferentes, sem que se possa dizer que uma prevalece sobre a outra. Em qualquer um destes casos não há uma única residência da família.

E o problema complica-se após a Reforma de 1977. É que, na redacção original do Código Civil (artigo 1672.º), a mulher tinha de adoptar a residência do marido, salvo motivos ponderosos (os indicados no artigo 1672.º, n.º 1, alíneas a) a c)). Daí que se pudesse dizer haver uma residência da família (a residência do marido). Hoje, com a atribuição de iguais direitos e deveres a ambos os cônjuges (artigo 36.º, n.º 3 da Constituição e artigo 1672.º do Código Civil), não pode falar-se da imposição de uma residência da família por parte de qualquer dos cônjuges (isto, claro, com ressalva do já referido n.º 3 do artigo 1673.º)

[67] NUNO ESPINOSA G. DA SILVA, cit. em "Portugal Judiciário", Ano 11, n.º 22, pág. 165, entende que há que distinguir duas situações: "se a separação provocou

Note-se, por outro lado, que, nos termos do artigo 83.º do R.A.U. (aprovado pelo Decreto-Lei n.º 321-B/90, de 15 de Outubro) *"seja qual for o regime matrimonial, a posição do arrendatário não se comunica ao cônjuge e caduca por morte, sem prejuízo do disposto nos dois artigos seguintes"*[68].

a saída de ambos os cônjuges da residência da família parece que não há casa de morada da família não se pondo, portanto, o problema do encabeçamento no direito de a habitar; mas se um deles aí se manteve, então parece que continua a existir a casa de morada da família cujo direito de habitação haverá pois que atribuir ao sobrevivo".

[68] Antes da entrada em vigor do novo regime fiscal em matéria de sucessão, actualmente tributável através de Imposto do Selo (artigo 1.º do Decreto-Lei n.º 287/2003, de 12 de Novembro), entendíamos que, para a avaliação dos direitos de habitação da casa de morada da família e uso do respectivo recheio deveria fazer-se apelo ao critério estabelecido no artigo 31.º, 4.º, do Código da Sisa e do Imposto sobre as Sucessões e Doações, segundo a qual o valor da propriedade, separada do usufruto, uso ou habitação vitalícios, obter-se-á deduzindo ao valor da propriedade plena as seguintes percentagens de harmonia com a idade da pessoa de cuja vida dependa a duração daqueles direitos, ou, havendo várias, da mais velha ou da mais nova, consoante eles devam terminar pela morte de qualquer ou da última que sobreviver, utilizando-se para o efeito a seguinte tabela

IDADE	PERCENTAGENS A DEDUZIR
Menos de 20 anos	80
Menos de 30 anos	70
Menos de 40 anos	60
Menos de 50 anos	50
Menos de 60 anos	40
Menos de 70 anos	30
Menos de 80 anos	20
80 ou mais anos	10

O citado Código da Sisa e do Imposto sobre as Sucessões e Doações foi revogado expressamente pelo n.º 3 do artigo 31.º do citado Decreto-Lei n.º 287/ /2003, diferida para a data da entrada em vigor do Código do Imposto Municipal sobre as Transmissões Onerosas de Imóveis (CIMT) (1 de Janeiro de 2004). Por isso, coloca-se a questão de saber qual o critério a utilizar actualmente para efeito de se calcular o valor relativo do usufruto.

A questão foi expressamente solucionada pela primeira parte da alínea *a)* do artigo 13.º do citado CIMT, nos termos do qual:

Ora, o artigo 85.º do mesmo diploma estabelece no seu n.º 1:

1 – O arrendamento para habitação não caduca por morte do primitivo arrendatário ou daquele a quem tiver sido cedida a sua posição contratual, se lhe sobreviver:

a) Cônjuge não separado judicialmente de pessoas e bens ou de facto;

b) Descendente com menos de um ano de idade ou que com ele convivesse há mais de um ano;

d) Ascendente que com ele convivesse há mais de um ano;

e) Afim na linha recta, nas condições referidas nas alíneas *b)* e *c)*, (...).

O valor da propriedade, separada do usufruto, uso ou habitação vitalícios, obtém-se deduzindo ao valor da propriedade plena as seguintes percentagens, de harmonia com a idade da pessoa de cuja vida dependa a duração daqueles direitos ou, havendo várias, da mais velha ou da mais nova, consoante eles devam terminar pela morte de qualquer ou da última que sobreviver:

IDADE	PERCENTAGENS A DEDUZIR
Menos de 20 anos	80
Menos de 25 anos	75
Menos de 30 anos	70
Menos de 35 anos	65
Menos de 40 anos	60
Menos de 45 anos	55
Menos de 50 anos	50
Menos de 55 anos	45
Menos de 60 anos	40
Menos de 65 anos	35
Menos de 70 anos	30
Menos de 75 anos	25
Menos de 80 anos	20
Menos de 85 anos	15
85 ou mais anos	10

Nota-se, assim, que, muito embora o CIMT aplique uma tabela semelhante à que vinha prevista no CSISD, alargou o leque de percentagens a deduzir à plena propriedade.

E o n.º 2 do mesmo preceito diz que "nos casos do número anterior, a posição do arrendatário transmite-se, pela ordem das respectivas alíneas, às pessoas nele referidas, preferindo, em igualdade de condições, sucessivamente, o parente ou afim mais próximo e mais idoso".

Pela análise desta norma, pode concluir-se que o cônjuge sobrevivo ocupa uma posição privilegiada na transmissão por morte do arrendamento para habitação.

Face à norma acabada de citar, verifica-se tratar-se de uma situação diversa do referido direito de habitação.

Parece-nos que a diferença essencial entre as duas pode resumir-se nos seguintes termos: a norma do artigo 85.º do R.A.U. é de aplicar quando o casal vivia numa casa arrendada. Nesta hipótese, por morte do arrendatário, caduca o arrendamento (artigo 83.º do R.A.U.). Mas a lei, tendo em atenção a especial posição ocupada pelo cônjuge sobrevivo (não separado judicialmente de pessoas e bens ou de facto) permite que este receba de arrendamento a casa onde até aí o casal habitava (artigo 85.º já citado). Por outro lado, a hipótese regulada no artigo 2103.º-A, n.º 1 é de aplicar quando a casa de morada da família seja propriedade do *de cuius*. Só que, (e este parece-nos um ponto deveras importante) a lei não indica quaisquer critérios para fixar o valor do direito de habitação. Muito naturalmente que a jurisprudência terá de resolver este problema, atendendo, entre outros elementos, à idade mais ou menos avançada do cônjuge sobrevivo e ao valor maior ou menor do prédio, objecto do direito de habitação (e também dos mobiliários que vão ser usados).

Deve salientar-se que se a casa de morada da família não fizer parte da herança, o direito de preferência do cônjuge sobrevivo incidirá sobre o respectivo recheio (artigo 2103.º-B do Código Civil). Para este efeito, considera-se recheio da casa o mobiliário e demais objectos ou utensílios destinados ao cómodo, serviço e ornamentação da casa (artigo 2103.º-B).Claro que, a letra da lei deverá entender-se *cum grana salis*. É que nem todos os objectos do recheio da casa deverão estar abrangidos por este direito preferencial: assim, será de excluir, nomeadamente, uma colecção de selos do cônjuge filatelista, ou a colecção de fósforos do cônjuge filumenista; assim como será ainda de excluir a estatueta, obra de arte, que o *de cuius* tinha recebido (por sucessão ou doação) como bem próprio.

Com o aditamento introduzido pela Reforma de 1977, pretendeu o legislador proteger mais eficazmente o cônjuge sobrevivo, atribuindo-lhe na partilha preferência em relação a certos bens que tinham uma ligação mais forte com a vida conjugal, bens que estiveram ao serviço do casal e que, por isso, devem permanecer ligados ao cônjuge que sobrevive. Sobre esta matéria, diz NUNO ESPINOSA G. DA SILVA[69], a propósito das atribuições preferenciais, que o legislador de 1977 pretendendo "proporcionar ao cônjuge sobrevivo o mesmo quadro de vida, o mesmo ambiente que vivera na vigência da sociedade conjugal bem se compreende, portanto, a sua opção pela atribuição dos direitos de habitação da casa do seu usufruto".

Quanto a nós, parece-nos que o sistema adoptado pelo nosso legislador no artigo 2103.º-A, n.º 1, não foi o mais correcto.

Para o efeito, coloquemos a seguinte hipótese académica:

A falece, deixando sobrevivos o seu cônjuge *B,* e dois filhos, C e *D.* Entre os bens da massa da herança de *A,* o maior valor é preenchido pela casa de habitação (bem próprio de *A)* e seu recheio. Ora, se *B* se aproveitar do direito que lhe é atribuído pelo artigo 2103.º-A, n.º 1, poderá ver toda (ou quase toda) a sua quota legitimária preenchida por esses direitos de uso e de habitação.

Mas, como esses direitos se extinguem no momento da morte do seu titular (artigo 1476.º, n.º 1, alínea *a), ex vi* artigo 1485.º, ambos do Código Civil) e são intransmissíveis em vida (artigo 1488.º), *B* não poderá dispor de quaisquer desses bens para quem muito lhe aprouver (claro, dentro da sua quota disponível) e isto porque, efectivamente, esses bens são propriedade (embora *nua* propriedade) dos filhos do *de cuius* (ou dos pais deste).

---

[69] Cit. em "Portugal Judiciário", Ano 11, n.º 22, pág. 164.

É também certo que *B* pode não usar da faculdade que lhe é atribuída pelo referido preceito; mas isto poderá significar que o cônjuge fique definitivamente apartado daqueles bens que foram utilizados conjuntamente em vida do *de cuius*.

VII – O CÔNJUGE SOBREVIVO E A DESERDAÇÃO

Este é um ponto que não levanta grandes dificuldades. Nos termos do artigo 2166.º, n.º 1, "o autor da sucessão pode em testamento, com expressa declaração da causa, deserdar o herdeiro legitimário, privando-o da sua legítima", quando se verifique alguma das circunstâncias assinaladas nas três alíneas do n.º 1 deste preceito. Trata-se dos casos de o sucessível ter praticado um crime doloso contra determinados parentes do *de cuius* a que corresponde pena de prisão superior a seis anos (al. *a)*), ter sido condenado por denúncia caluniosa ou falso testemunho contra esses mesmos parentes (al. *b)*) ou, finalmente, ter, recusado ao *de cuius* os devidos alimentos (al. *c)*)[70].

No caso específico do cônjuge sobrevivo, convém desenvolver e explicitar cada uma destas alíneas. Desde logo, há a fazer uma restrição importante à letra da lei. É que deve eliminar-se a referência que em qualquer das alíneas se faz à pessoa do cônjuge do autor da sucessão, o que obviamente se compreende.

---

[70] Ao contrário do que acontece com o caso da al. *a)* do n.º 1 do artigo 2166.º, nesta hipótese, ao crime praticado corresponde uma pena que tem como mínima sanção a prisão de um mês (no caso anterior, prisão superior a seis meses). No entanto, justifica-se que, neste caso, também haja fundamento de deserdação. É que a denúncia caluniosa é sempre revestida de uma certa publicidade, quanto mais não seja, em virtude da abertura do inquérito preliminar pela autoridade pública perante quem é feita a denúncia, dado que esta autoridade terá de proceder a investigações com vista a prosseguir-se ou não com o processo--crime (tudo isto, apesar do carácter secreto do processo de inquérito).

No que concerne ao âmbito da al. *a)*, interessa referir que um crime é doloso quando reúna dois elementos: um *elemento volitivo* (e a partir daí distinguem-se três espécies de dolo: directo, necessário e eventual) e um *elemento intelectual* (deve haver por parte do agente, conhecimento de que está a praticar um facto ilícito[71]. O dolo ou intenção criminosa existe, em termos gerais, quando há "por parte do agente a prática voluntária dos factos, e o conhecimento do carácter ilícito ou imoral da sua conduta, ou que tudo se passe como se ele tivesse tal conhecimento" (Assento de 19-7-61, B.M.J. n.º 109.º, págs. 437 e segs.).

No que se refere, por outro lado, à al. *b)*, o artigo 408.º do Código Penal dá-nos a noção de denúncia caluniosa nos seguintes termos: "Quem, por qualquer meio, perante autoridade ou publicamente com a consciência da falsidade da imputação, denunciar ou lançar sobre determinada pessoa a suspeita de que esta praticou crime, contravenção, contra-ordenação ou uma falta disciplinar, com intenção de conseguir que contra ela se instaure o respectivo procedimento, será punido com prisão até 2 anos"[72]. A outra hipótese prevista nesta al. *b)* é a do crime de falso testemunho, a que se referem os artigos 402.º e segs. do Código Penal[73].

Finalmente, resta-nos referir a hipótese contida na al. *c)*. Quanto a esta matéria de alimentos, vejam-se, sobretudo os artigos 2003.º e segs., com especial incidência no artigo 2009.º, todos do Código Civil.

---

[71] Sobre esta matéria, vejam-se, por todos, EDUARDO CORREIA, "Direito Criminal", e M. MAIA GONÇALVES, "Código Penal Português", 4ª ed., Coimbra 1979, págs. 22 e segs.

[72] Podem, a este propósito, repetir-se as considerações enumeradas na nota anterior.

[73] Assim como não o impede de receber uma qualquer deixa testamentária feita pelo *de cuius*, dado que a deserdação também não vale para a sucessão testamentária. Mas, será de verificação improvável uma hipótese em que o testador venha, por um lado, deserdar o cônjuge e, por outro deixar-lhe um qualquer bem ou uma parte ideal por conta da quota disponível.

Em resumo: dado que o cônjuge sobrevivo é herdeiro legitimário, (artigo 2157.º) está sujeito à norma do artigo 2166.º e pode, portanto, ser deserdado. Mas deve notar-se que a expressa deserdação do cônjuge (ou outro herdeiro legitimário) em testamento, não o impede de suceder, como herdeiro legítimo, na quota disponível ou no seu remanescente[74]. É que, em relação a esta espécie de sucessão vigora uma outra forma de incapacidade sucessória – a incapacidade por indignidade, prevista no artigo 2034.º [75-76].

---

[74] Sendo necessária uma acção judicial para que opere esta incapacidade sucessória (artigo 2036.º).

[75] Sobre a incapacidade por indignidade e deserdação, como formas de incapacidade sucessória e termos da sua distinção, veja-se, por todos, PEREIRA COELHO, "Direito das Sucessões" II Parte, Coimbra, 1974.

[76] Sobre o instituto da colação, veja-se, em especial, JORGE LEITE, "Algumas Notas sobre a Colação", Coimbra, 1977. Sobre o fundamento do instituto, leiam-se págs. 14 e segs. dessa obra.

VIII – O CÔNJUGE SOBREVIVO E A COLAÇÃO

Nos termos do artigo 2104.º, n.º 1 do Código Civil, "os descendentes que pretendam entrar na sucessão do ascendente devem restituir à massa da herança, para igualação da partilha, os bens ou valores que lhes foram doados por este". Esta a noção de colação dada pela nossa lei. Quanto ao fundamento do instituto, ele também é óbvio: o legislador faz apelo à vontade presumida do *de cuius,* e considera que este não pretendeu avantajar nenhum dos seus descendentes a quem tenha feito uma doação em vida[77].

Daí que, se um destes herdeiros quiser concorrer à sucessão, terá de restituir, no momento da partilha, os bens ou valores com que tenha sido contemplado (artigo 2104.º, n.º 1)[78]. Presume, portanto, o legislador que a vontade do *de cuius* não foi beneficiar o seu sucessível, mas apenas adiantar-lhe a sua legítima[79]. Assim sendo, é lógico que o instituto da colação seja de aplicar apenas aos

---

[77] Numa crítica à terminologia da lei em matéria de colação, é interessante ver a posição de Fernando Luis Simões Féria, "Casos de Inaplicabilidade da Colação de Bens", Revista da Ordem dos Advogados, 1951, n.ºs 3 e 4, págs. 135 e segs..

[78] O que, no fundo, já se traduz num benefício para o donatário, quanto mais não seja pelo facto de fazer seus os rendimentos dos bens doados (para além de poder aliená-los livremente, dado que é seu proprietário pleno).

[79] Entende Fernando Féria, art. cit., pág. 139 que "o fim da colação não é a igualação da partilha, mas a imputação da doação na legítima do donatário e na quota indisponível do doador, na parte em que os bens doados excedam aquela, no firme propósito de igualar tanto quanto possível o tratamento dos herdeiros legitimários na sucessão".

herdeiros que, no momento da doação, fossem já presuntivos herdeiros legitimários do doador.

Ora, é nesta ordem de pensamento que o artigo 2105.º, diz só estarem sujeitos à colação "os descendentes que eram à data da doação presuntivos herdeiros legitimários do doador"[80]. É que será mais lógico que os filhos sobrevivam aos pais, do que o contrário; para além de que os descendentes estão na primeira classe de sucessíveis, enquanto os ascendentes se encontram na segunda classe[81].

Portanto, para a fundamentação do regime da colação na versão original do Código Civil, teremos de conciliar estas duas ordens de ideias: por um lado, pressupõe-se que os filhos (e netos) sobrevivam aos pais; por outro lado, mesmo que esta previsão falhe, os filhos herdam antes dos pais dado que os descendentes estão na 1ª classe de sucessíveis, enquanto os ascendentes estão na 2ª classe. Assim sendo, só deverão estar sujeitos a colação aqueles herdeiros que, necessariamente, irão suceder ao *de cuius,* mas já não aqueles que, só provavelmente, virão a suceder-lhe.

---

[80] Ou seja, os filhos do autor da sucessão e os netos, quando à data da doação o seu pai já tenha falecido (caso em que sucedem ao avô, por direito de representação – artigos 2.039.º e segs. do Código Civil).

Já não estarão sujeitos a colação os netos que tenham recebido uma doação do avô em vida do seu pai, pois neste caso, dado o princípio de preferência de grau de parentesco dentro de cada classe (artigo 2135.º), eles não são presuntivos herdeiros legitimários à data da doação. Para melhor compreensão desta questão, elaboramos a seguinte hipótese académica: A faz em 2004 uma doação de € 10.000,00 a seu neto D, filho de um filho já falecido B, e uma outra doação de € 20.000,00 a um outro neto E, filho de um filho C, que sobrevive a A. No momento da morte do doador, apenas o neto D estará sujeito a colação pois só ele (e não E) era presuntivo herdeiro legitimário do *de cuius,* pelo simples facto de o seu pai B já ter falecido ao tempo da doação.

[81] Daí que "nas liberalidades de filhos a pais, já não pode admitir-se, como plausível, a existência de uma vontade do descendente de doar ao ascendente por conta da legítima. Efectivamente, pelo jogo normal da vida, os mais velhos desaparecem antes dos mais novos, e, por isso, não se pode admitir a doação do descendente feita com o intuito de antecipar bens que o ascendente virá a ter por morte do descendente" – FERNANDO FÉRIA, art. cit., Revista da Ordem dos Advogados, 1951, n.os 3 e 4, pág. 136.

O problema que agora nos propomos resolver é o de saber se o cônjuge sobrevivo beneficiado em vida com uma doação feita pelo seu cônjuge, deverá restituir à massa da herança, no momento da partilha, o valor com que foi contemplado. Ora, não devemos esquecer-nos que, após a Reforma de 1977, nos termos dos artigos 2157.º e 2133.º, n.º 1, al. *a)*, o cônjuge sobrevivo é herdeiro legitimário na primeira classe de sucessíveis, juntamente com os descendentes. Com isto quer-se dizer que o cônjuge sobrevivo irá *suceder sempre ao de cuius*[82]. Assim sendo, parece-nos lógico que o cônjuge deveria estar sujeito a colação, quando tenha sido beneficiado em vida com uma doação feita pelo autor da sucessão. As razões que justificam a aplicação do instituto da colação ao descendente presuntivo herdeiro legitimário podem também repetir-se em relação ao cônjuge, dado que ele é, por um lado, herdeiro da primeira classe e, por outro lado, é sempre presuntivo herdeiro legitimário do *de cuius* desde a data da celebração do casamento.

Mas, para uma melhor compreensão desta questão, vamos propor o seguinte exemplo prático:

EXEMPLO:

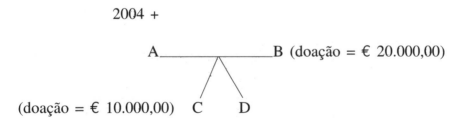

2004 +

A _____ B (doação = € 20.000,00)

(doação = € 10.000,00)   C   D

---

[82] A não ser, claro, que tenha sido deserdado nos termos do artigo 2166.º. A este propósito, veja-se FERNANDO FÉRIA, art. cit., Revista da Ordem dos Advogados, 1957, n.ºˢ 3 e 4, págs. 146 e segs..

DESENVOLVIMENTO:

A falece em 2004, deixando sobrevivos o seu cônjuge B e dois filhos do casal C e D. A tinha feito uma doação em vida a favor de B no valor de € 20.000,00 e uma outra doação de € 10.000,00 a favor de C.

Ora, no momento da morte de A, face à letra da lei, apenas C está sujeito a colação. É bem certo que ambos os donatários são presuntivos herdeiros legitimários (na 1ª classe de sucessíveis) ao tempo da doação (e ao tempo da sucessão). Mas a verdade é que, face à lei vigente, *apenas o descendente* está sujeito a restituir à massa da herança o valor da doação que recebeu em vida. Situação deveras injusta dado que, quer B, quer C são presuntivos herdeiros legitimários ao tempo da doação e necessariamente mantêm essa posição até à morte *de A*.

No fundo, tudo estará em saber se o artigo 2105.º será uma norma taxativa ou meramente exemplificativa. Ou seja, a referência feita neste artigo aos descendentes será no sentido de excluir da colação os outros legitimários ou, pelo contrário, pretendeu o legislador interpretar o fundamento do instituto, tornando-o extensivo a qualquer um deles desde que colocado na 1ª classe de sucessíveis?

De *iure constituto*, parece ser decisivo o facto de a Reforma de 1977, ao mesmo tempo que alterou as categorias de herdeiros legitimários, incluindo agora entre eles, em primeiro, o cônjuge sobrevivo, não ter alterado a letra do artigo 2105.º[83].

De *iuri constituendo*, fazendo apelo ao espírito do instituto da colação (que, sobretudo transparece do espírito do artigo 2104.º) deverá considerar-se que o artigo 2105.º é uma norma meramente exemplificativa, melhor dizendo, uma norma explicativa da intenção que o legislador teve em vista com a colação.

Pretendeu-se dizer (na versão original do Código Civil – Decreto-Lei n.º 47344, de 25-11-66) que só os descendentes, presuntivos

---

[83] E a este propósito é importante referir a letra da lei (artigo 2105.º) quando diz que **só os descendentes**...

herdeiros legitimários à data da doação, estariam sujeitos a colação, pois só eles eram herdeiros em primeira linha, na redacção do referido diploma. Por isso, o legislador, ao considerar agora o cônjuge como herdeiro em primeiro lugar, deveria também ter adaptado os artigos 2104.º e 2105.º de forma a englobar este na sua letra. Trata--se, quanto a nós, de uma lacuna (e grave) da Reforma de 1977. A interpretar-se literalmente a letra da lei, ficará em muito beneficiada a posição do cônjuge sobrevivo.

IX – A SUCESSÃO DO CÔNJUGE COMO FACTO TRIBUTÁRIO

Dado que a personalidade se extingue pela morte (artigo 68.º do Código Civil), é evidente que o decesso do *de cuius* abre uma crise radical nas relações patrimoniais de que ele era titular e que, não obstante a morte, devem sobreviver-lhe. É necessário, portanto, que surja um ou vários novos sujeitos que, por uma série de actos ou factos encadeados num processo mais ou menos longo, o substituam na titularidade dessas relações jurídicas.

Ora, o fenómeno sucessório é precisamente o complexo destes actos ou factos que ligam, na titularidade jurídica das suas relações patrimoniais, o autor da herança aos herdeiros. E a crise aberta pela morte daquele só se normalizará, quanto a essas relações jurídicas, quando os bens que compõem a herança, depois de superada a jacência que se verifica durante o tempo que medeia entre a abertura da sucessão e a aceitação da herança, forem liquidados e partilhados entre os legais sucessores.

A Lei liga à morte das pessoas o fenómeno da sucessão, pois não é admissível que as relações jurídicas de conteúdo patrimonial do *de cuius* se extingam com a morte do credor ou devedor. Tal facto conduziria a soluções inaceitáveis em matéria de negociação e o mesmo sucederia em matéria de direitos reais se estes se extinguissem, pois as coisas tomar-se-iam *res nullius* à mercê do primeiro ocupante, com todos os inconvenientes de ordem económica e social daí inerentes. Por isso, pode dizer-se que "há um fenómeno de sucessão sempre que uma pessoa assume, numa relação jurídica que se mantém idêntica, a mesma posição que era ocupada anteriormente por outra pessoa"[84].

---

[84] PEREIRA COELHO, Direito das Sucessões, Coimbra, 1974, págs. 8 e segs.

Face ao que fica dito, serão de excluir do âmbito do conceito civilístico da sucessão tanto a aquisição originária[85], como a derivada constitutiva e a derivada restitutiva[86], pois aquele conceito só poderá cobrir as hipóteses de aquisição derivada translativa: o direito adquirido será o mesmo que já pertencia ao anterior titular e que assim passa ao adquirente, verificando-se apenas uma substituição por mudança do sujeito activo da relação jurídica.

A) REGIME FISCAL NO DOMÍNIO DO CSISD

O Código da Sisa e do Imposto sobre as Sucessões e Doações[87] além de expressamente manter, para efeitos de imposto, a

---

[85] Na aquisição originária, o direito do titular não depende, nem quanto à sua existência, nem quanto à sua extensão, de qualquer direito anterior. É o que acontece, v. g., com a usucapião, caso em que "a posse do direito de propriedade ou de outros direitos reais de gozo, mantida por certo lapso de tempo, faculta ao possuidor, salvo disposição em contrário, a aquisição do direito a cujo exercício corresponde a sua actuação" (artigo 1287.º do Código Civil).

Refira-se, no entanto, que são inusucapíveis as servidões não aparentes e os direitos de uso e de habitação (artigo 1293.º do mesmo Código).

[86] Na aquisição derivada, o direito do novo titular apoia-se, quanto à sua existência e extensão, no direito do anterior titular, segundo um nexo de causa--efeito e de harmonia com o princípio clássico *nemo plus iuris in alium transferre potest quam ipse habet;* mas se o direito, antes da sua transferência para o adquirente, não tinha uma existência autónoma na esfera jurídica do titular de que foi destacado, como sucede na constituição das várias figuras parcelares do direito de propriedade, a que se referem os artigos 1439.º, 1491.º, 1524.º e 1543.º, todos do Código Civil, a aquisição denomina-se derivada constitutiva; se, porém, os direitos antes referidos se extinguem e, por isso, regressam à posse do seu anterior titular, reintegrando-o no seu pleno direito de propriedade, surge-nos a aquisição derivada restitutiva.

[87] Aprovado pelo Decreto-Lei n.º 41969, de 24 de Novembro de 1958, posteriormente alterado e entretanto revogado pelo n.º 3 do artigo 31.º do Decreto--Lei n.º 287/2003, de 12 de Novembro, considerando-se igualmente revogada toda a legislação extravagante ao referido Código que previa benefícios fiscais relativos ao imposto sobre as sucessões e doações.

distinção entre a sucessão propriamente dita, o legado e a doação, não considerava a sucessão no sentido estrito acabado de expor, no sentido civilístico de aquisição derivada translativa apenas, já que nele eram contemplados, como transmissões fiscais e para efeitos deste imposto, casos de aquisição derivada constitutiva e restitutiva, que tanto se poderão verificar por sucessão hereditária, como por legado ou por doação[88]. Mas foi mais longe ainda, pois considerava também como transmissão para efeitos de sisa, não só a aquisição derivada de imóveis a título oneroso (artigos 1.º, 2.º e 8.º do Código da Sisa) mas também a aquisição originária dos mesmos (artigo 8.º, n.º 4 do mesmo Código), através da acessão (cfr. artigo 1325.º do Código Civil).

Assim, restringido o conceito de sucessão apenas à sucessão universal por morte e tornando-o extensivo também à aquisição derivada tanto constitutiva como restitutiva, a lei partiu de um conceito de sucessão diverso do civilístico e mais estrito do que o de transmissão, pois este abrange também a sucessão negocial, ainda que em vida do seu autor, e até a aquisição originária, como já referimos. Com efeito, a lei fiscal considerava que há transmissão logo que se verifique o enriquecimento de certo património, por transferência de bens que nele anteriormente não existiam, e sujeita a imposto o adquirente desses bens sobre o valor transmitido.

No entanto, este enriquecimento patrimonial só era relevante para efeitos de imposto sobre sucessões e doações, quando se verificavam de facto sucessões ou doações e, quanto a estas, só quando elas constituíam puras liberalidades, ou seja, enquanto não implicassem contrapartida do sucessor ou donatário. Na verdade, havendo contraprestação destes, não haveria propriamente enriquecimento patrimonial, mas antes mera substituição de valores patrimoniais, pelo menos, na parte correspondente à contraprestação do sucessor ou donatário e, tratando-se de imóveis, o seu valor estaria, em princípio, sujeito a sisa.

---

[88] Cfr. artigo 9.º, n.ºˢ 1, 2, 4 e 5 do Código da Sisa.

Assim, para a sujeição a imposto sobre as sucessões e doações, era fundamental que um direito se desligasse da esfera jurídica patrimonial de determinado sujeito, gratuitamente, e se ligasse à de outro, implicando sempre um nexo de causalidade entre as duas situações patrimoniais. Esta circunstância resultava do condicionalismo imposto por várias disposições do Código, designadamente, pelos artigos 4.º a 42.º, ao condicionar-se a medida do imposto ao *"quantum"* transmitido, e ainda pelos artigos 43.º e 44.º, enquanto neles se condicionava, por sua vez, essa medida à relação pessoal entre o transmitente e o adquirente dos bens, segundo a existência ou não de parentesco entre eles e o seu grau.

A este propósito, e para uma análise mais detalhada da posição do cônjuge sobrevivo nesta matéria, convém transcrever o artigo 40.º do Código da Sisa (na redacção do artigo 2.º do Decreto-Lei n.º 252/89, de 9 de Agosto), que rezava assim:

As taxas do imposto sobre as sucessões e doações eram as seguintes:

Nas transmissões a favor de filhos menores
Até 500.000$00	0%
De 500.000$00 a 2.000.000$00	4%
De 2.000.000$00 a 5.000.000$00	7%
De 5.000.000$00 a 10.000.000$00	10%
De 10.000.000$00 a 25.000.000$00	14%
De 25.000.000$00 a 50.000.000$00	18%
Mais de 50.000.000$00	23%

Nas transmissões a favor de cônjuge e outros descendentes
Até 500.000$00	0%
De 500.000$00 a 2.000.000$00	6%
De 2.000.000$00 a 5.000.000$00	9%
De 5.000.000$00 a 10.000.000$00	12%
De 10.000.000$00 a 25.000.000$00	16%
De 25.000.000$00 a 50.000.000$00	20%
Mais de 50.000.000$00	25%

Nas transmissões a favor de ascendentes ou entre irmãos
Até 500.000$00 .... 7%
De 500.000$00 a 2.000.000$00 .... 10%
De 2.000.000$00 a 5.000.000$00 .... 13%
De 5.000.000$00 a 10.000.000$00 .... 16%
De 10.000.000$00 a 25.000.000$00 .... 21%
De 25.000.000$00 a 50.000.000$00 .... 26%
Mais de 50.000.000$00 .... 32%

Nas transmissões entre colaterais no 3.º grau
Até 500.000$00 .... 13%
De 500.000$00 a 2.000.000$00 .... 17%
De 2.000.000$00 a 5.000.000$00 .... 21%
De 5.000.000$00 a 10.000.000$00 .... 25%
De 10.000.000$00 a 25.000.000$00 .... 31%
De 25.000.000$00 a 50.000.000$00 .... 38%
Mais de 50.000.000$00 .... 45%

Nas transmissões entre quaisquer pessoas
Até 500.000$00 .... 16%
De 500.000$00 a 2.000.000$00 .... 20%
De 2.000.000$00 a 5.000.000$00 .... 25%
De 5.000.000$00 a 10.000.000$00 .... 30%
De 10.000.000$00 a 25.000.000$00 .... 36%
De 25.000.000$00 a 50.000.000$00 .... 43%
Mais de 50.000.000$00 .... 50%

Confrontados com as taxas acabadas de referir, verificava-se que havia divergência de critérios entre a lei civil e a lei fiscal quanto à qualificação do cônjuge sobrevivo. Na verdade, em matéria de imposto sucessório, o cônjuge sobrevivo encontrava-se colocado numa segunda classe, suportando uma carga fiscal superior à dos filhos menores do *de cuius,* muito embora equiparado aos outros descendentes (filhos maiores e netos que sucedessem por direito de representação). Por outro lado, estava beneficiado em comparação com os ascendentes e irmãos do *de cuius,* estes colocados num terceiro escalão de taxas de tributação.

O cônjuge sobrevivo é herdeiro legitimário, já o dissemos. Por isso, convém fazer ainda mais algumas referências ao tratamento que a lei fiscal estabelecia em aspectos pontuais.

Ora, é sabido que as leis fiscais se devem interpretar juridicamente e não economicamente. Apesar disso, a tributação baseia-se sempre numa determinada valoração política de fenómenos económico-financeiros, a que o sentido da Lei não pode ser indiferente e deixar conformar-se com essa valoração. No entanto, embora fundamentais para a tributação, o valor dos critérios económicos só deve considerar-se na medida e com o sentido com que foram acolhidos pelo legislador fiscal, partindo do princípio de que a disciplina jurídica se debruçou sobre a realidade económica e estruturou as suas soluções sobre o entendimento económico-social que dos bens e respectiva transmissão, no caso concreto do imposto sobre as sucessões e doações, se teve em determinado momento.

Daqui resulta que no campo da sucessão legitimária, embora muitas vezes se mostre violado o princípio da intangibilidade da legítima, quer porque, contra o disposto no artigo 2163.º do Código Civil, o testador impôs encargos sobre a legítima ou, contra a vontade do herdeiro legitimário, designou os bens que a devem preencher, quer porque, contra o disposto nos artigos 2164.º e 2165.º do mesmo Código, o testador deixou usufruto ou constituiu pensão vitalícia que atinge a legítima ou deixou ao herdeiro legitimário um legado em substituição da legítima, quer porque, finalmente, fez em vida liberalidades consideradas inoficiosas, nos termos do artigo 2168.º do citado Código, no entanto, se prefiram estas situações de facto para efeitos de liquidação do imposto sucessório, logo que elas se apresentem como tal e enquanto os herdeiros, porventura ofendidos na legítima a que têm direito, não o façam prevalecer judicialmente.

Mas uma tal tendência jurídico-fiscal era perfeitamente justificável pois, de contrário, aconteceria frequentemente que verdadeiras transmissões de facto deixariam de ser consideradas pela tributação e, em contrapartida, viriam a ser tributadas outras tantas transmissões que, embora correspondendo às verdadeiras situações de direito, nunca se realizaram nem chegavam a realizar-se real e efectivamente. É que os titulares do direito, por exemplo, à inviolabilidade da legítima, com frequência se mostram conformados definitivamente com as respectivas situações de facto, resultantes da vontade expressa do *de cuius,* ou porque não chegaram a requerer[89] a redução das liberalidades inoficiosas ou porque resolveram aceitar o legado em substituição da legítima[90] ou satisfazer os encargos impostos pelo testador sobre a legítima ou aceitar os bens por este designados para o seu preenchimento[91] ou, finalmente, porque decidiram cumprir o legado de usufruto ou de pensão vitalícia em prejuízo da sua legítima, sem usar da cautela sociniana[92].

De resto, depois de instruído o processo de liquidação do imposto sucessório, o chefe da respectiva repartição de finanças deveria proceder a essa liquidação, com observância das disposições do Código da Sisa e as aplicáveis da Lei Civil que não contrariassem aquelas. E, perante um acto ou contrato susceptível de operar transmissão só poderia abster-se de fazer a liquidação com fundamento em nulidade ou ineficácia julgada pelos tribunais competentes (artigo 82.º do Código da Sisa). Até porque, depois de feita a liquidação, se esse acto ou contrato susceptível de operar transmissão viesse a ser julgado nulo de facto ou ineficaz pelo tribunal competente, assistia ainda ao contribuinte o direito de, com esse fundamento, requerer a reforma da respectiva liquidação e de lhe ser restituído o imposto que, porventura, tivesse sido liquidado a mais (artigos 149.º a 155.º do Código da Sisa).

---

[89] Dentro do prazo de dois anos, estabelecido no artigo 2178.º do Código Civil.
[90] Artigo 2165.º, n.º 2, do Código Civil.
[91] Contra o disposto no artigo 2163.º do Código Civil.
[92] Diz o artigo 2164.º do Código Civil que "se... o testador deixar usufruto ou constituir pensão vitalícia que atinja a legítima, podem os herdeiros legitimários cumprir o legado ou entregar ao legatário tão-somente a quota disponível.

B) REGIME FISCAL NO DOMÍNIO DO CIMT E DO CIS

O Decreto-Lei n.º 287/2003, de 12 de Novembro, revogou expressamente o CSISD, com efeito a partir de 1 de Janeiro de 2004 (artigos 31.º, n.º 3 e 32.º, n.º 3), estabelecendo um novo regime fiscal em matéria de sucessão por morte.

A inovação mais importante foi introduzida pelo CIS ao estabelecer que a base tributária nas transmissões por morte deixa de ser a quota hereditária de cada herdeiro, passando a ser a massa hereditária global na pessoa do cabeça de casal. Desta forma, a liquidação do imposto não exige a partilha prévia, ainda que ideal, da herança, o que constitui importante factor de simplificação e desburocratização dos procedimentos administrativos.

Esta inovação permitirá, ainda, eliminar o regime de suspensão do procedimento de liquidação do imposto relativamente aos bens onerados com o direito de usufruto.

Por outro lado, o sistema adoptado, que traduz numa considerável simplificação da estrutura do sistema de tributação, designadamente ao nível das taxas e da liquidação, permite a sua informatização.

A taxa do imposto nas transmissões gratuitas sofre uma redução, passando a aplicar-se apenas uma taxa única de 10%, facto que também constitui um factor de simplicidade.

De referir, finalmente, a título de introdução ao novo regime, que foi eliminada a taxa de 5% prevista nos artigos 182.º e seguintes do Código do Imposto sobre as Sucessões e Doações, face à jurisprudência que o Tribunal de Justiça vem proferindo a propósito da interpretação do n.º 4 do artigo 5.º da Directiva 90/435/CEE, do Conselho, de 23 de Julho, relativa ao regime comum aplicável às sociedades mães e sociedades afiliadas de Estados membros diferentes, no sentido de aquela imposição não poder ser aplicável aos dividendos distribuídos pelas filiais às sociedades participantes (do preambulo do Decreto-Lei n.º 287/2003).

Entrando, propriamente, na análise das disposições mais importantes na matéria que agora nos interessa, e no que concerne à incidência objectiva, verifica-se que o n.º 1 do artigo 1.º do CIS estabelece que o imposto do selo incide sobre todos os actos, contratos, documentos, títulos, papéis, e outros factos previstos na Tabela Geral, incluindo as transmissões gratuitas de bens. Ora, nesta sequência, a referida Tabela Geral, verifica-se que o n.º 1.2 estabelece que a taxa do imposto é de 10% relativamente à aquisição gratuita de bens (como é o caso da sucessão hereditária).

No que diz respeito a incidência subjectiva, estabelece o n.º 2 do artigo 2.º do mesmo Código que "nas transmissões gratuitas são sujeitos passivos do imposto as pessoas singulares para quem se transmitam os bens", sem prejuízo de a alínea *a)* do mesmo número referir que "nas sucessões por morte, o imposto é devido pela herança, representada pelo cabeça de casal, e pelos legatários". Ora, como resulta do disposto do disposto na alínea *a)* do n.º 1 do artigo 2080.º do Código Civil, o cargo de cabeça de casal defere-se, em primeiro lugar, ao cônjuge sobrevivo, não separado judicialmente de pessoas e bens, se for herdeiro ou tiver meação nos bens do casal.

O imposto constitui encargo dos titulares do interesse económico, sendo que nas transmissões por morte são como tal considerados a herança e os legatários (artigo 3.º, n.º 3, alínea *a)*, primeira parte do CIS).

A obrigação tributária considera-se constituída na data da abertura da sucessão (artigo 5.º, alínea *p)*, do CIS), a qual corresponde ao momento da morte do seu autor (artigo 2031.º do Código Civil)[93], sendo que o cônjuge sobrevivo, assim como os descen-

---

[93] Sem prejuízo do que vem previsto a nível de morte presumida, regulada nos artigos 114.º e seguintes do Código Civil. Neste sentido, dispõe o artigo 114.º que decorridos dez anos sobre a data das últimas notícias do ausente, ou passados cinco anos, se entretanto houver completado oitenta anos de idade, podem os interessados a que se refere o artigo 100.º (herdeiros do ausente e todos os que tiverem sobre os bens do ausente direito dependente da condição da sua morte) requerer a declaração de morte presumida, a qual produz os mesmos efeitos que a morte (mas não dissolve o casamento (*idem*, artigo 115.º).

Contudo, são de realçar as excepções previstas quanto às situações de o óbito se ter verificado em data diversa (artigo 118.º) e a do regresso do ausente ou se dele houver notícias (artigo 119.º).

dentes e ascendentes estão isentos de tal pagamento (*idem*, artigo 6.º, alínea *e)*).

No que se refere ao valor tributável dos bens imóveis, de realçar a disposição do n.º 1 do artigo 13.º do CIS, nos termos da qual este é o valor patrimonial tributário constante da matriz nos termos do CIMI à data da transmissão, ou o determinado por avaliação nos casos de prédios omissos ou inscritos sem valor patrimonial. Quanto aos bens móveis de qualquer natureza, o critério a seguir será o de regras específicas do CIS, quando existam, ou o declarado pelo cabeça de casal, consoante o que for maior, devendo, tanto quanto possível, aproximar-se do seu valor de mercado.

De realçar que o cabeça de casal é obrigado a participar ao serviço de finanças competente o falecimento do autor da sucessão, a declaração de morte presumida ou a justificação judicial do óbito, na qual identifica o autor da sucessão, a data e local do óbito e bem assim os sucessores, as relações de parentesco e respectiva prova, devendo conter a relação dos bens transmitidos com a indicação dos valores que devam ser declarados pelo apresentante, tudo até ao final do 3.º mês seguinte ao do nascimento da obrigação tributária (artigo 26.º, n.ºs 1, 2 e 3 do CIS).

Finalmente, de referir que, depois de instruído o processo com os documentos ou elementos mencionados no Código, bem como os respeitantes aos elementos obtidos pela administração fiscal, o chefe de finanças promove a liquidação do imposto (artigo 33.º, n.º 1 do CIS), a qual é notificada aos interessados, nos termos do Código de Procedimento e de Processo Tributário (*idem*, artigo 36.º).

X – UNIÃO DE FACTO E SUCESSÃO

Finalmente, devemos proceder a uma breve abordagem quanto à relevância da união de facto em direito sucessório.

Nesta matéria, o legislador ocupou-se da união de facto, essencialmente, em três tipos de situações que iremos analisar em separado: destino de casa de morada, alimentos e capacidade testamentária.

Face à regulamentação inicialmente estabelecida, podia dizer-se que "não se foi além de um esboço de protecção, julgado ética e socialmente justificado, ao companheiro que resta de uma união de facto que tenha revelado um mínimo de durabilidade, estabilidade e aparência conjugal. Foi-se intencionalmente pouco arrojado. Havia que não estimular as uniões de facto" (do preâmbulo do Decreto--Lei 496/77, de 25 de Novembro).

Contudo, esta situação foi substancialmente alterada, primeiro com a Lei n.º 135/99, de 28 de Agosto, que atribuiu determinados efeitos às uniões de facto heterossexuais e, mais recentemente, com a Lei n.º 7/2001, de 11 de Maio, que estendeu esses efeitos às uniões de facto homossexuais, embora com a limitação de não reconhecer a possibilidade de adopção por estes últimos casais.

Mas, analisemos cada uma das situações acima referidas.

A – DESTINO DA CASA DE MORADA

Nesta matéria, temos de distinguir dois tipos de hipóteses previstas no Regime do Arrendamento Urbano, aprovado pelo Decreto--Lei n.º 321-B/90, de 15 de Outubro (a seguir, designado RAU).

Em primeiro lugar, a lei refere-se à *transmissão por morte* do arrendamento para habitação, estabelecendo que este não caduca por morte do primitivo arrendatário ou daquele a quem tiver sido cedida a sua posição contratual, se lhe sobreviver pessoa que com ele viva *há mais de dois anos,* quando o arrendatário não seja casado ou esteja separado judicialmente de pessoas e bens (artigo 85.º, n.º 1, alínea *c)* do RAU, na redacção do artigo 5.º da Lei n.º 7/2001).

Deve ser feita uma observação a este excerto legal: é que equipara-se o arrendatário não casado ao separado judicialmente de pessoas e bens. Ora, a separação judicial não dissolve o vínculo conjugal, mas extingue, nomeadamente, o dever de coabitação (artigo 1795.º-A do Código Civil), pelo que é compreensível que, para o caso em análise, seja equiparada ao divórcio.

Em qualquer dos casos, no entanto, é necessário que haja coabitação entre o arrendatário e aquele com quem vivia maritalmente no prédio arrendado, há mais de dois anos.

Refira-se que este direito à transmissão do arrendamento é renunciável mediante comunicação feita ao senhorio nos 30 dias subsequentes à morte do arrendatário (artigo 88.º do RAU); no entanto, se o transmissário não pretender renunciar à transmissão do arrendamento, deve comunicar ao senhorio, por escrito, a morte do primitivo arrendatário ou do cônjuge sobrevivo, no prazo de 180 dias após a ocorrência, comunicação que deverá ser acompanhada dos documentos autênticos ou autenticados que comprovem o seu direito. Tais documentos serão, necessariamente, a certidão de óbito do arrendatário falecido e atestado de residência há mais de dois anos do transmissário (emitida pela Junta de Freguesia respectiva, que também poderá confirmar a existência de união de facto). Note--se que a lei anterior (artigo 1111.º do Código Civil, hoje revogado) exigia que a comunicação ao senhorio fosse feita através de carta registada com aviso de recepção. A nova lei apenas exige a comunicação por escrito. No entanto, por mera cautela, por motivos de segurança e de prova, é aconselhável o recurso a carta registada com aviso de recepção.

Finalmente, refira-se que a falta de comunicação a que nos referimos não prejudica a transmissão do contrato, mas obriga o transmissário faltoso a indemnizar por todos os danos derivados da omissão (artigo 89.º, n.º 3 do RAU).

Diferente é a situação do direito a novo arrendamento prevista nos artigos 90.º e seguintes do RAU.

Nos termos da primeira destas normas, quando o contrato de arrendamento para habitação caduque por morte do arrendatário, têm direito a *novo arrendamento,* sucessivamente, e entre outros, todos os que vivam com ele em economia comum, desde que convivam com o arrendatário há mais de cinco anos. No entanto, o direito a novo arrendamento não se verifica se o titular tiver residência nas comarcas de Lisboa e do Porto e zonas limítrofes, ou na respectiva localidade, quanto ao resto do País, à data da morte do primitivo arrendatário.

O contrato de arrendamento celebrado ao abrigo deste direito fica sujeito à estipulação de um prazo para a sua duração efectiva, por período não inferior a 5 anos (artigo 98.º *ex vi* artigo 92.º, n.º 1, ambos do RAU), sendo o primeiro arrendamento sujeito ao regime de renda condicionada.

No entanto, o senhorio pode recusar o novo arrendamento quando se verifique alguma das hipóteses previstas nas várias alíneas do artigo 93.º do RAU, a saber:

a) pretender vender o prédio ou fracção arrendada;

b) pretender o local para a sua residência ou para nele construir a sua habitação e não tenha na área das comarcas de Lisboa e do Porto e suas limítrofes, ou na respectiva localidade quanto ao resto do País, casa própria ou arrendada;

c) pretender o local para sua residência ou para nele construir a sua habitação e resida em casa que não satisfaça as necessidades ou em casa arrendada e denuncie o respectivo arrendamento;

d) pretender o local para residência de parentes ou afins de linha recta, desde que se encontrem nas condições referidas nas alíneas *b)* ou *c);*

e) pretender afectar o local a fim diferente da habitação e obtenha, para o efeito, a necessária licença camarária;

f) pretender ampliar o prédio ou construir novo edifício, em termos de aumentar o número de locais arrendáveis.

De notar que em caso de venda do prédio ou da fracção arrendada, têm direito de preferência na compra as pessoas que viviam com o arrendatário em economia comum e, consequentemente, o (a) companheiro (a) da união de facto.

Também nesta hipótese o direito ao novo arrendamento deve ser exercido mediante declaração escrita enviada ao senhorio nos 30 dias subsequentes à caducidade do contrato anterior, o mesmo devendo ser cumprido pelo senhorio no caso de se verificar alguma das hipóteses de recusa (artigo 94.º do RAU).

Face ao que fica sumariamente exposto, verifica-se que há transmissão do arrendamento por morte quando o familiar arrendatário era não casado ou separado judicialmente de pessoas e bens, reservando-se o direito a novo arrendamento para a hipótese de este ser casado. A este propósito, deve colocar-se a hipótese de, à data da morte do arrendatário estar pendente acção de divórcio ou separação judicial de pessoas e bens.

Qual das soluções adoptar?

Diz-nos o n.º 3 do artigo 1785.º do Código Civil que "o direito ao divórcio não se transmite por morte, mas a acção pode ser continuada pelos herdeiros do autor para efeitos patrimoniais... se o autor falecer na pendência da causa; para os mesmos efeitos, pode a acção prosseguir contra os herdeiros do réu". Por outro lado, o n.º 1 do artigo 1789.º do mesmo Código estabelece que "os efeitos do divórcio produzem-se a partir do trânsito em julgado da respectiva sentença, mas retrotraem-se à data da proposição da acção quanto às relações patrimoniais entre os cônjuges". Ora, uma coisa é certa: o (a) companheiro (a) não é herdeiro do falecido arrendatário, pelo que não pode continuar a acção de divórcio. No entanto, se esta continuar, a requerimento de quem tem legitimidade, a sentença transitada em julgado que venha a decretar o divórcio, produz efeitos patrimoniais desde a data da propositura da acção, e ninguém duvida que o direito ao arrendamento é um direito patrimonial, podendo assim vir a proteger-se, indirectamente, aquele que vivia em condições análogas às dos cônjuges com o falecido.

Diferente da hipótese acabada de expor é a de a casa de morada comum ser propriedade do membro da união de facto falecido. Neste caso, o sobrevivo tem direito real de habitação, pelo prazo de cinco anos, sobre a mesma e, no mesmo prazo, direito de preferência na sua venda (artigo 4.º, n.º 1 da Lei n.º 7/2001, de 11.05). Contudo, tal regime não se aplica caso ao falecido sobrevivam descendentes com menos de um ano de idade ou que com ele convivessem há mais de um ano e pretendam habitar a casa, ou no caso de disposição testamentária em contrário (idem, n.º 2).

Não fazendo parte do presente estudo a análise da razoabilidade da solução legislativa, aconselhamos, para maiores desenvolvimentos, o nosso trabalho "Uniões de Facto e Economia Comum", Almedina, Coimbra, 2005.

B – DIREITO A ALIMENTOS

Nos termos do n.º 1 do artigo 2003.º do Código Civil, entende-se por alimentos "tudo o que é indispensável ao sustento, habitação e vestuário". Em matéria de união de facto regula o artigo 2020.º do mesmo Código, cujo n.º 1 estabelece que "aquele que, no momento da morte de pessoa não casada ou separada judicialmente de pessoas e bens, vivia com ela há mais de dois anos em condições análogas às dos cônjuges, tem o direito a exigir alimentos da herança do falecido, se não os puder obter no termos das alíneas *a)* a *d)* do artigo 2009.º,"ou seja, se não puder ser alimentado pelo seu cônjuge ou ex-cônjuge, descendentes, ascendentes ou irmãos.

Verifica-se, assim, que o artigo 2020.º estabelece um regime residual, que só é aplicável na falta de qualquer um dos parentes acima referidos ou, existindo algum deles, mostrar que não os pode prestar ou como pensão ou tão-somente em sua casa e companhia.

Ainda a propósito deste regime convém deter alguns pormenores.

Assim, para a detecção da existência de condições análogas às dos cônjuges deverão ter-se em conta, especialmente, os artigos 1671.º a 1676.º do Código Civil. Os alimentos só podem ser exigidos da *herança* do falecido, levantando-se a questão de saber se tal palavra está empregue em sentido amplo ou em sentido restrito ou técnico (artigos 2030.º, n.ºs 2 e 3 e 2050.º e seguintes do Código Civil), parecendo-nos que é este o sentido que deverá proceder, dado o disposto no artigo 9.º do Código Civil, o facto de os legatários serem sucessores privilegiados (artigos 2068.º e 2070.º, n.º 1 do Código Civil) e de o novo sistema jurídico acatar a ideia de herdeiro como representante e sucessor universal do *de cuius,* mas o ponto não é líquido, sobretudo se o artigo 2020º tiver a natureza de norma de interesse público, inderrogável, mesmo indirectamente, por vontade do autor da sucessão.

Devemos referir um caso particular nesta matéria. É que, a protecção por morte dos beneficiários abrangidos por regime de segurança social é realizada genericamente a favor do seu agregado familiar mediante a concessão de prestações continuadas, embora não necessariamente vitalícias – as pensões de sobrevivência – ou de uma prestação única – o subsídio por morte. Ora, o Decreto-Lei n.º 322/90, de 18 de Outubro, tornou extensivo este regime àqueles que se encontram dentro das condições previstas no artigo 2020.º do Código Civil, regime que foi confirmado pelo n.º 1 do artigo 6.º da já citada Lei n.º 7/2001, de 11.05.

C – CAPACIDADE TESTAMENTÁRIA

Os artigos 2192.º e seguintes do Código Civil referem-se aos chamados casos de *indisponibilidade relativa.* Note-se que aqui não estamos perante verdadeiras incapacidades de adquirir por testamento. Na verdade, como realça PEREIRA COELHO, *in* Direito das Sucessões, 1970, pág. 182, "a razão dessas incapacidades é a de ser suspeita ou duvidosa a liberdade e espontaneidade da declaração de vontade do testador, dada a particular relação entre ele e o herdeiro ou legatário instituído e o possível ascendente deste sobre aquele. Tratando-se, pois, aí de formas de protecção de vontade ou da liberdade de testar, estas incapacidades filiam-se em razões conexas, não com a pessoa do herdeiro ou legatário instituído, mas com a pessoa do testador".

Nesta matéria, estabelece o n.º 1 do artigo 2196.º do Código Civil que "é nula a disposição a favor da pessoa com quem o testador casado cometeu adultério". No entanto, o n.º 2 do mesmo preceito excepciona tal princípio de nulidade nas seguintes hipóteses:
– se o casamento já estava dissolvido, ou os cônjuges estavam separados judicialmente de pessoas e bens ou separados de facto há mais de três anos, à data da abertura da sucessão;
– se a disposição se limitar a assegurar alimentos ao beneficiário.

Quanto à primeira das situações, deve referir-se que é inútil a enumeração relativa a casamento dissolvido. Na verdade, é bem sabido que o casamento (civil) pode dissolver-se por divórcio ou morte de um dos cônjuges, pelo que, verificando-se qualquer uma das hipóteses, os ex-cônjuges ou o sobrevivo ficam com o seu estado civil alterado para *divorciado* ou *viúvo*. Há, assim, uma repetição na letra da lei, que não é justificada pelo seu espírito. Efectivamente, se o n.º 1 do preceito circunda a nulidade à disposição feita por testador *casado,* não se compreende que a alínea *a)* do n.º 2 venha, novamente, excepcionar com a hipótese de o casamento se encontrar dissolvido.

Relativamente à segunda situação indicada, pode dizer-se que completa, de certa forma, a disposição do artigo 2020.º, já analisada. Enquanto neste excerto é o unido de facto quem requer ser alimentado através da herança do falecido, na hipótese do artigo 2196.º há "antecipação" do *de cuius,* que, em testamento, institui um legado de alimentos a favor do seu concubino.

Diga-se, a finalizar, que todo este regime é aplicável às doações, devidamente adaptado, por força do disposto no artigo 953.º do Código Civil[94].

---

[94] Para maiores desenvolvimentos sobre esta matéria consultem-se, entre outros, CUNHA GONÇALVES, Tratado do Direito Civil, vol. IX, págs. 674 e segs.; JOSÉ TAVARES, Sucessões e Direito Sucessório, vol. I, págs. 193 e segs.; e FRANÇA PITÃO, Uniões de Facto e Economia Comum, Almedina, Coimbra, 2005.

ÍNDICE

	Pág.
Prefácio à 4ª edição	5
I – Introdução	7
A – Tendência individualista	8
B – Tendência familiar	9
C – Tendência socialista	10
D – Direito Comparado	11
II – A posição do cônjuge sobrevivo no Código Civil de 1867	15
III – A posição do cônjuge sobrevivo antes da Reforma do Código Civil	19
IV – Posição actual: o cônjuge sobrevivo é herdeiro legitimário	29
1.º – Concurso de cônjuge e descendentes	39
2.º – Concurso de cônjuge e ascendentes	43
V – O cônjuge sobrevivo é herdeiro legítimo	47
VI – Atribuições preferenciais	51
VII – O cônjuge sobrevivo e a deserdação	61
VIII – O cônjuge sobrevivo e a colação	65
IX – A sucessão do cônjuge como facto tributário	71
A – Regime fiscal no domínio do CSISD	72
B – Regime fiscal no domínio do CIMT e do CIS	78
X – União de facto e sucessão	81